Steve Mandel

Präsentationen erfolgreich gestalten

- Planen
- Umsetzen
- Durchführen

New**Business**Line

UEBERREUTER

Die Deutsche Bibliothek – CIP-Einheitsaufnahme

Mandel, Steve:
Präsentationen erfolgreich gestalten : Planen – Umsetzen – Durchführen /
Steve Mandel. – Wien ; Ueberreuter, 1991
(50-Minuten-Training-Script) (Manager-Magazin-Edition)
(Ueberreuter-Wirtschaft)
Einheitssacht.: Effective presentation skills <dt.>
ISBN 3-7064-0736-1

S 0628   3 4 5 / 2002 2001 ?000

Originaltitel »Effective presentation skills«, erschienen im Verlag Crisp
Publications, Inc., Menlo Park, Kalifornien
Copyright © 1987 by Steve Mandel
Fachredaktion: Dr. Peter Kovar
Technische Redaktion: Dr. Andreas Zeiner
Umschlag: Init, Bielefeld
Copyright © der deutschsprachigen Ausgabe 1991/1995/1998/2000
by Wirtschaftsverlag Carl Ueberreuter, Wien/Frankfurt
Printed in Hungary

Inhalt

Bereits im alten Griechenland befasste man sich mit der Kunst, Reden so zu gestalten, daß sie effektiv sind. Um ca. 350 v. Chr. schrieb Aristoteles sein berühmtes Werk »Rhetorica«, das auch heute noch als eines der bedeutendsten Bücher auf diesem Gebiet gilt. Heute, 2 300 Jahre später, kämpfen wir noch immer mit denselben Problemen, auf welche die Griechen und die Redner aller Jahrhunderte trafen.

Mit dem Aufkommen der Technologie wurde die Aufgabe des Redners sowohl leichter als auch komplizierter. Zum Beispiel ist es heute möglich, auf einem Computer komplexe Grafiken herzustellen, und diese wiederum dienen zur Erstellung von Overheadfolien. Aber wieviel Information soll diese Grafik enthalten? Und, das ist sehr wichtig, wie passt diese Grafik in den geplanten Aufbau der Rede (sofern ein derartiger Aufbau vorhanden ist)?

Das Buch »*Präsentationen erfolgreich gestalten*« versucht, die fundamentalen Fragen über die Vorbereitung und das Vortragen einer Rede zu beantworten. Es werden erprobte Techniken vorgestellt, die im Leser die Fähigkeit erwecken, Präsentationen selbstsicherer, enthusiastischer und überzeugender zu halten. Dazu gehören z. B. folgende Themenkreise: Wie setze ich die Körpersprache effektiv ein? Wie baue ich Gedanken und Daten systematisch auf, so dass sie die maximale Wirkung erreichen? Wie erstelle und setze ich visuelle Hilfsmittel ein? Wie soll das vorbereitete Material vorgetragen werden?

Dieses Buch bietet einiges theoretisches Wissen, aber viel mehr werden einfache und praktische Anregungen gemacht, wie eine Präsentation effektiver gestaltet werden kann.

»Präsentationen erfolgreich gestalten« ist nicht wie die meisten anderen Bücher. Es hat ein einzigartiges Format, das es dem Leser erlaubt, das Tempo selbst zu bestimmen, und ihn ermutigt, sich persönlich mehr zu engagieren. Da dieses Buch konzipiert wurde, um »mit einem Bleistift« gelesen zu werden, gibt es genug Übungen, Aktivitäten, Tests und Fallstudien, die zum Mittun auffordern.

Das Ziel dieses Buches ist es, bei Aufbau, Planung und Vortrag einer effektiven Präsentation zu helfen.

Dieses Buch (und die anderen Titel zum Selbststudium auf Seite 80/81) kann auf verschiedene Art und Weise effektiv verwendet werden. Hier sind einige Möglichkeiten:

- *Individuelles Studium.* Da dieses Buch zum Selbststudium gedacht ist, ist alles, was Sie brauchen, ein ruhiger Platz, etwas Zeit und ein Bleistift. Wenn Sie die Übungen und Aktivitäten machen, bekommen Sie sowohl Feedback als auch praktische Ideen zur selbständigen Weiterbildung.

- *Workshops und Seminare.* Dieses Buch eignet sich ideal als Lektüre während eines Workshops oder Seminars oder als Vorbereitung darauf. Mit diesem Grundwissen in der Hand wird sich die Qualität der Mitarbeit verbessern. Es kann mehr Zeit dafür verwendet werden, das Konzept zu erweitern und die Anwendungsmöglichkeiten während des Kurses zu üben.

- *College-Kurse.* Dank seines Formats, der Kürze und der geringen Kosten eignet sich dieses Buch auch ideal für kurze Kurse und Volkshochschulkurse.

Es gibt auch noch andere Möglichkeiten, die von den Zielsetzungen des Benützers abhängen. Eines ist jedoch sicher: Auch nachdem es gelesen wurde, kann dieses Buch als großartiges Nachschlagewerk dienen, weil es übersichtlich gestaltet ist.

Über den Autor:

Steve Mandel, Präsident der Firma Mandel Communications in Santa Cruz/Kalifornien, ist ein landesweit bekannter Trainer, Autor und Konsulent mit Spezialisierung auf Fragen des Kommunikationstrainings. In seinen Trainingsprogrammen hat Steve Mandel Tausende von Führungskräften und Präsentatoren geschult, bessere und effektivere Vorträge zu halten. Zu seinen Klienten gehören unter anderem die Bank of America, die American Chemical Society, Visa USA und Cray Research.

Es wird gesagt, dass große Redner geboren, nicht »gemacht« werden, dass manche Menschen die angeborene Fähigkeit besitzen, frei von Angst vor einem Auditorium zu stehen und eine bewegende, dynamische Rede zu halten. Nun, das stimmt einfach nicht!

Menschen, die wir für große Redner halten, haben für gewöhnlich Jahre damit zugebracht, ihre Fähigkeiten zu entwickeln und zu üben. Sie mussten vom Anfang beginnen und die Grundlagen des systematischen Aufbaus, der Vorbereitung, des Vortragens und die Überwindung der Angst lernen. Besaßen sie einmal diese Grundkenntnisse, mussten sie auch weiterhin an der Verbesserung ihres Könnens arbeiten.

Professionelle Athleten üben ständig die wichtigsten grundlegenden Bewegungen, denn sie wissen, dass sie sonst nicht im Spitzenfeld mithalten können. Einem Außenstehenden mag der Gedanke an einen Tennisspieler (zum Beispiel), der Stunde um Stunde die grundlegenden Bewegungen übt, lächerlich erscheinen. Aber für diesen Profi bildet die Beherrschung dieser grundlegenden Fähigkeiten das Fundament seines Erfolgs.

Lernen, ein besserer Redner zu sein, ist so, als ob man irgendeine andere Tätigkeit lernte. Anfangs kann es frustrierend sein. Aber nach einigen Lektionen, in denen Sie etwas Theorie lernen und die Grundkenntnisse üben, wird es besser. Möchte man etwas wirklich gut lernen, muss man ständig üben und die Grundkenntnisse beherrschen.

Auch beim Sprechen ist es so. Bevor Sie sich als Redner sicher fühlen, müssen Sie einige Grundkenntnisse erlernen und dann aktiv nach Plätzen suchen, wo Sie diese Kenntnisse praktisch anwenden können. Das kann bedeuten, dass Sie zu Ihrem Chef gehen und erklären, mehr Präsentationen halten zu wollen.

Je mehr Erfahrung Sie gewinnen, desto geübter und sicherer werden Sie sich fühlen.

Viel Glück!

Steve Mandel

Teil 1:
Testen Sie Ihre Fähigkeiten

Die Begriffe »Rede« und »Präsentation« werden oft verwechselt. Für unseren Zweck ist es angebracht, den Unterschied zu verstehen.

Eine Präsentation ist eine Art von Rede. Wenn wir an eine Rede denken, denken wir an eine Widmung, eine politische Rede, eine Danksagung oder an ein ähnliches Ereignis, das einen öffentlicheren Charakter als eine Präsentation hat.

Präsentationen sind Reden, die für gewöhnlich bei Geschäften, in technischer, beruflicher oder wissenschaftlicher Umgebung gehalten werden. Die Zuhörer sind spezialisierter als jene, die einem typischen Redeereignis beiwohnen.

Obwohl der Unterschied zwischen Rede und Präsentation sehr gering ist, möchte dieses Buch jenen helfen, die Präsentationen halten. Aber da eine Präsentation eine Art von Rede ist, enthält dieses Buch auch Ideen und Fachwissen, die für jeden Redner hilfreich sind.

Mit welchem Typ von Redner können Sie sich am besten identifizieren? Wir unterscheiden 4 Typen:

■ Kategorie	■ Charakteristika
»Vermeider«	Ein »Vermeider« tut alles Erdenkliche, um zu vermeiden, dass er vor einem Auditorium stehen muss. In einigen Fällen suchen »Vermeider« Berufe, bei denen Präsentationen nicht notwendig sind
»Widersetzer«	Ein »Widersetzer« hat Angst, eine Rede zu halten. Diese Angst kann sehr groß sein. »Widersetzer« können es im Rahmen ihrer Arbeit nicht vermeiden, eine Rede zu halten, aber sie werden die Gelegenheit dazu nie suchen. Wenn sie sprechen, tun sie es mit großem Widerwillen, und es verursacht ihnen beträchtliches Unbehagen
»Akzeptierer«	Für »Akzeptierer« sind Präsentationen ein Teil ihres Jobs, aber sie suchen nicht nach Gelegenheiten dazu. »Akzeptierer« halten manchmal Präsentationen und haben das Gefühl, dass sie gute Arbeit geleistet haben. Sie finden sogar, dass sie ab und zu recht überzeugend sind, und es gefällt ihnen, vor einer Gruppe zu sprechen
»Sucher«	Ein »Sucher« sucht nach Gelegenheiten, eine Rede zu halten. Der »Sucher« versteht, dass Angst stimulierend wirken kann und die Begeisterungs-fähigkeit während einer Präsentation steigert. »Sucher« arbeiten an der Verbesserung ihrer professionellen Kommunikationsfähigkeiten und ihres Selbstvertrauens durch häufiges Sprechen

Selbstbewertung Ihrer derzeitigen Präsentationsfähigkeiten

Um ein effektiver Präsentator zu sein, ist es ratsam, die derzeitigen Fähigkeiten zu testen. Diese Bewertung kann helfen, die Gebiete festzustellen, auf die Sie sich konzentrieren sollten, um Ihre Kompetenz zu steigern. Lesen Sie bitte die folgenden Aussagen durch, und markieren Sie die Nummer, die Ihnen am besten entspricht. Konzentrieren Sie sich dann, während Sie dieses Buch durchgehen, auf jene Themen bei denen Sie 1, 2 oder 3 angekreuzt haben.

☒ bitte ankreuzen: 1 = nie, 5 = immer

	1	2	3	4	5
1. Ich lege einige Grundziele fest, bevor ich eine Präsentation plane	☐	☐	☐	☐	☐
2. Ich analysiere die Werte, Bedürfnisse und Zwänge meiner Zuhörer	☐	☐	☐	☐	☐
3. Ich schreibe zuerst einige Hauptgedanken nieder, um die Präsentation um diese herum aufzubauen	☐	☐	☐	☐	☐
4. Meine Präsentation enthält zu Beginn einen Überblick über die wichtigsten Gedanken und am Schluss deren Zusammenfassung	☐	☐	☐	☐	☐
5. Ich entwickle eine Einleitung, die die Aufmerksamkeit meiner Zuhörer fesselt und auch die notwendige Hintergrundinformation liefert ...	☐	☐	☐	☐	☐
6. Meine Zusammenfassung bezieht sich auf die Einleitung und enthält, falls erforderlich, eine Aufforderung zum Handeln	☐	☐	☐	☐	☐
7. Die visuellen Hilfsmittel, die ich einsetze, sind sorgfältig vorbereitet, einfach, leicht zu lesen und prägnant	☐	☐	☐	☐	☐
8. Die Anzahl der visuellen Hilfsmittel wird die Aufmerksamkeit meiner Zuhörer erhöhen und sie nicht von meiner Präsentation ablenken ...	☐	☐	☐	☐	☐
9. Bei einer Präsentation, die überzeugen soll, werde ich logische Argumente verwenden, die meine Behauptungen unterstützen	☐	☐	☐	☐	☐
10. Ich setze Angst ein, um den Enthusiasmus meiner Präsentation zu stimulieren, nicht um mich zu bremsen	☐	☐	☐	☐	☐

X bitte ankreuzen: 1 = nie, 5 = immer   1 2 3 4 5

11. Ich vergewissere mich, dass die meinen Zuhörern vorgeschlagenen Vorteile klar und zwingend sind .... ☐ ☐ ☐ ☐ ☐

12. Ich teile Ideen begeistert mit .... ☐ ☐ ☐ ☐ ☐

13. Ich übe vorher, sodass ich mich wenig auf meine Notizen konzentrieren muss und meinen Zuhörern ein Maximum an Aufmerksamkeit schenken kann .... ☐ ☐ ☐ ☐ ☐

14. Meine Notizen enthalten nur »Stichwörter«. Dadurch vermeide ich es, vom Manuskript abzulesen .... ☐ ☐ ☐ ☐ ☐

15. Ich übe meine Präsentationen im Stehen und verwende dabei meine visuellen Hilfsmittel ... ☐ ☐ ☐ ☐ ☐

16. Ich bereite Antworten auf Fragen, die ich erwarte, vor und übe deren Beantwortung......... ☐ ☐ ☐ ☐ ☐

17. Ich arrangiere die Sitzordnung (falls erforderlich) und überprüfe die audiovisuellen Geräte vor der Präsentation .... ☐ ☐ ☐ ☐ ☐

18. Ich halte ständig den Blickkontakt mit den Zuhörern aufrecht .... ☐ ☐ ☐ ☐ ☐

19. Meine Gestik ist natürlich und nicht durch Angst gehemmt .... ☐ ☐ ☐ ☐ ☐

20. Meine Stimme ist laut, klar und nicht monoton ☐ ☐ ☐ ☐ ☐

Gesamtpunkteanzahl: _____

Die Auswertung finden Sie auf Seite 14.

Auswertung zur »Selbstbewertung Ihrer derzeitigen Präsentationsfähigkeiten«:

■ Bei 80 bis 100 Punkten: Sie sind ein vorzüglicher Redner und müssen nur etwas üben, um Ihre Grundkenntnisse zu pflegen.

■ Bei 60 bis 80 Punkten: Sie haben die Möglichkeit, ein sehr effektiver Redner zu werden.

■ Bei 40 bis 60 Punkten: Dieses Buch kann eine bedeutende Hilfe für Sie sein.

■ Bei 30 bis 40 Punkten: Sie sollten bei einiger Übung große Fortschritte machen.

■ Liegt Ihre Gesamtpunkteanzahl unter 30, krempeln Sie Ihre Ärmel hoch und ran an die Arbeit. Es ist vielleicht nicht leicht, aber Sie werden gute Fortschritte machen, wenn Sie es versuchen.

Am Schluss dieses Programms nehmen Sie diesen Selbstbewertungstest noch einmal zur Hand, und vergleichen Sie Ihre Punkte. Sie sollten mit den Fortschritten, die Sie erzielt haben, sehr zufrieden sein.

Verwenden Sie die Informationen, die Sie vom Selbstbewertungsblatt auf den Seiten 12 und 13 erhalten haben, und markieren Sie die Ziele, die Sie erreichen möchten:

Ich möchte ...

... lernen, wie ich meine Gedanken logisch sowie kurz und bündig aufbauen kann .... ☐

... die notwendigen Fähigkeiten und einen dynamischen Präsentationsstil entwickeln, um meine Begeisterung über die Ideen, die ich vorstelle, zu übermitteln .... ☐

... den Frage- und Antwortteil in einen angenehmen und produktiven Teil meiner Präsentation verwandeln .... ☐

... eindrucksvolle und prägnante visuelle Hilfsmittel entwickeln und diese wirkungsvoll während meiner Präsentation einsetzen .... ☐

... die Angst, die ich vor meiner Präsentation habe, verstehen und lernen, wie ich sie konstruktiv während meiner Präsentation einsetzen kann ...... ☐

Teil 2:
Ihre Präsentationsplanung

Als ersten Teil Ihrer Präsentationsplanung müssen Sie sich »warum?«, nicht »was?« fragen. Das »Was?« wird beantwortet werden, wenn Sie anfangen, Ihre Gedanken systematisch zu ordnen. Zu Beginn sollten Sie sich mit der Frage, warum Sie vor einem bestimmten Auditorium eine Präsentation halten, befassen. Die Antwort auf diese Frage wird Ihnen bei der Vorbereitung Ihrer Präsentation helfen.

Sie wurden z. B. dazu aufgefordert, vor Führungskräften Ihrer Firma eine Präsentation über das Budget der Abteilung für das nächste Jahr zu halten. Beginnen Sie nicht damit, aufzuschreiben, was Sie sagen wollen, sondern fragen Sie sich, was Sie mit Ihrer Präsentation erreichen möchten. Werden Sie eine Budgeterhöhung fordern oder einen Plan vorstellen, in dem Sie zeigen, wie Sie mit weniger Geld auskommen können? Denken Sie an spezifische Ziele in Zusammenhang mit den Zuhörern, bevor Sie Ihre Präsentation vorbereiten.

Können Sie sich vorstellen, ein Haus ohne Baupläne zu bauen? Bevor irgendjemand ein Haus bauen kann, braucht er Pläne, die zeigen, welche Materialien gekauft werden müssen und wie sie verwendet werden. Genauso wird auch ein Plan für Ihre Präsentation die eigentliche Arbeit des Zusammenstellens viel effizienter machen. Eine Hilfe ist es, in zwei Schritten vorzugehen: Ausarbeitung der Ziele und Analyse der Zuhörer.

Als ersten Schritt schreiben Sie Ihr(e) Ziel(e) auf! Zum Beispiel: »Mein Ziel ist es, die Zuhörer über die Fortschritte bei meiner Forschung zu informieren«, oder: »Mein Ziel ist es, die obere Führungsebene zu überreden, meiner Abteilung eine Budgeterhöhung von 20 Prozent zu bewilligen.« Geschäftliche oder fachbezogene Präsentationen sollen im Allgemeinen entweder informieren oder überzeugen. Der Unterschied zwischen den beiden wird unten erklärt.

Bei einer informativen Präsentation versuchen Sie für gewöhnlich, nicht das Verhalten, die Einstellung oder die Meinung von jemandem zu beeinflussen. Sie tragen einfach Fakten vor. Ein Beispiel für diese Art von Präsentation wäre ein Bericht, in dem Sie einfach über die Fortschritte bei einem Projekt berichten.

Bei einer Überzeugungspräsentation versuchen Sie einige Aspekte des Verhaltens, der Einstellung oder der Meinung Ihrer Zuhörer zu ändern. Zum Beispiel: Sie möchten, dass sie in Ihre Pläne finanziell einsteigen, Ihnen Geld geben, die Leitung bei einem Projekt ändern, usw. Die meisten Präsentationen, die bei beruflichen Sitzungen gehalten werden, dienen der Überzeugung anderer.

Egal, ob es sich um Informations- oder Überzeugungspräsentationen handelt, das Ziel ist wichtig. »Was will ich mit der Präsentation/dem Vortrag erreichen?« Solange diese Frage nicht eindeutig beantwortet ist, fangen Sie mit der Vorbereitung Ihrer Präsentation nicht an. Unterscheiden Sie zwischen der bloßen Aufgabenstellung und erfolgsorientierten Zielen.

Nicht: »Ich möchte meine Zuhörer über (Thema) informieren.«

Sondern: »Jeder Teilnehmer soll die fünf wichtigsten Ergebnisse meiner Studien nennen können.«

Nicht: »Ich möchte die Führungskräfte von der Notwendigkeit erhöhter Finanzmittel überzeugen.«

Sondern: »Die Führungskräfte sollen einer 20-Prozent-Budgeterhöhung zustimmen!«

Bei der Zielformulierung ist die Überprüfbarkeit der Zielerreichung entscheidend.

Versetzen Sie sich an die Stelle der Menschen, die Ihnen zuhören werden!

Wenn Sie Ihre Zuhörer analysieren, müssen Sie folgende Punkte berücksichtigen:

■ Was sind die Werte, Bedürfnisse und Zwänge Ihrer Zuhörer?

Bei kleineren Gruppen können Sie eine tiefgehende Analyse durchführen, da Sie für gewöhnlich mehr über die Menschen, aus denen sich die Gruppe zusammensetzt, wissen. Bei größeren Gruppen müssen Sie sich an allgemeine Konzepte halten.

■ Wie hoch ist der Wissensstand der Zuhörer?

Waren Sie jemals in der Situation, daß der Präsentator Abkürzungen, Kurzwörter oder Fachbegriffe, die den Zuhörern nicht bekannt waren, verwendete? Wenn Sie irgendwelche Zweifel haben, gehen Sie am besten davon aus, dass die Zuhörer Fachbegriffe, die Sie vielleicht gebrauchen, nicht verstehen. Wenn Sie welche verwenden müssen, erklären Sie diese Begriffe kurz in einer einfachen Sprache nach der Einleitung.

■ Was wird gehen – was wird nicht gehen?

Sie müssen sich fragen, welche Argumente und Hinweise die günstigste Reaktion bei den Zuhörern hervorrufen; und umgekehrt, welche Argumente und Hinweise eine ungünstige Reaktion hervorrufen. Dann planen Sie dementsprechend Ihre Äußerungen.

Ziele (was will ich erreichen)

Teilnehmerbeschreibung

Gruppe	❏ betrieb-lich	❏ branchen-mäßig	❏ allgemein	❏ politisch	❏ unbe-kannt
Gruppen-zusammen-setzung	❏ homogen	❏ gemischt	❏ heterogen	❏ unbe-kannt	
Hierarchie-ebene	❏ gleich	❏ eher gleich	❏ eher gemischt	❏ bunt gemischt	❏ unbe-kannt
Wissens-stand	❏ hoch	❏ mittel	❏ gering	❏ unbe-kannt	
Einstellung zum Thema	❏ zu-stimmend	❏ neutral	❏ kritisch	❏ desinter-essiert	❏ unbe-kannt
Einstellung zum Präsentator	❏ freundlich	❏ neutral	❏ ablehnend	❏ unbe-kannt	
Alter	❏ jugend-lich	❏ mittleren Alters	❏ älter	❏ gemischt	
Geschlecht	❏ männlich	❏ weiblich	❏ gemischt		
Kleidung	❏ leger	❏ unter-schiedlich	❏ uniform		

❏ besondere Beachtung (Persönlichkeiten/sachliche Schwerpunkte)

Bedürfnisse, Werte, Zwänge	Konsequenzen	
	+	–

Durch folgende Ideen, Argumente, Meinungen erreiche ich:

Zustimmung	Ablehnung

Teil 3:
Systematischer Aufbau der Gedanken

Dieses Kapitel bringt einige Schritte, die Ihnen beim systematischen Aufbau Ihrer Gedanken für alle zukünftigen Präsentationen helfen werden. Sie werden wahrscheinlich vor Ihrer nächsten Rede auf dieses Kapitel des vorliegenden Buches zurückkommen wollen.

Es ist immer eine gute Idee, mit dem systematischen Aufbau des Hauptteils der Rede zu beginnen und sich über die Einleitung erst später Gedanken zu machen. Einleitungen entstehen oft aus dem, was im Hauptteil steht. Effektive Redner haben gelernt, ihre Rede von der Mitte beginnend nach außen aufzubauen. Nachstehend folgen einige Vorschläge, die Ihnen helfen können:

Verwenden Sie DIN-A5-Karteikarten oder Post-it*)-Notes (Haftnotizen), und schreiben Sie einige der möglichen Kernpunkte, die Ihnen spontan einfallen, für Ihre Präsentation auf. Schreiben Sie eine Idee auf jede Karte. Lassen Sie die Gedanken jetzt fließen, bearbeiten Sie sie noch nicht (das kommt später). Die Strategie ist es, so viele Ideen wie möglich zu produzieren.

Haben Sie eine Vielzahl von Ideen, beginnen Sie damit, einige auszuscheiden. Versuchen Sie am Schluss nur zwei bis fünf Kernpunkte zu haben. Das ist eine typische Anzahl für eine Präsentation. Haben Sie mehr als fünf Ideen, sollten Sie die Anzahl verringern, indem Sie aus einigen Ideen Unterpunkte machen.

Beispiel:

Nehmen wir an, Sie werden gebeten, vor der oberen Führungsebene eine Präsentation zu halten, um zu zeigen, daß die Forderung Ihrer Abteilung nach einer 20prozentigen Budgeterhöhung für das nächste Jahr gerechtfertigt ist. Sie wissen, dass das eine Überzeugungspräsentation wird, und Sie haben das Blatt zur Zuhöreranalyse (Seite 18/19) ausgefüllt. Ihnen sind ursprünglich 10 bis 15 Kernpunkte eingefallen, und Sie haben sie auf die folgenden drei reduziert:

■ Wir müssen unser Computersystem modernisieren.

■ Wir brauchen mehr Programme, um unser System zu entwickeln.

■ Wir müssen die Entwicklung finanzieren.

Diese drei Gedanken sind allgemeine Feststellungen, die Sie Ihren Zuhörern mitteilen möchten. Spezifische Erläuterungen, Belege und Vorteile machen Sie zu Ihren Unterpunkten.

---

*) Post-it ist eine registrierte Handelsmarke der 3M Company.

Haben Sie einmal die Kernpunkte Ihrer Präsentation, ist es an der Zeit, die unterstützenden Gedanken zu entwickeln. Diese können aus Erklärungen, Daten oder anderen Belegen bestehen, die Ihre Kernpunkte untermauern, wie es in unserem Beispiel gezeigt wird.

■ Kernpunkte	■ Wir müssen unser Computersystem modernisieren	■ Wir brauchen Programme, um unsere Systeme zu entwickeln	■ Wir müssen die Entwicklung finanzieren
Unterpunkte (Spezifisches)	Altes System ist veraltet	Wir werden sofort Geld einsparen, wenn wir eigene Programme haben.	Brauchen neue Datenkommunikationssysteme.
	Können neueste Software nicht verwenden	Werden weniger von außenstehenden Verkäufern abhängig sein.	Neue Technologie erlaubt bessere Qualität bei gleichen Kosten.
	Kosten des alten Systems steigen, da ineffizient	Kann das meiste innerhalb der Firma neu zuteilen.	Neues Personal bringt neue Ideen.
	Viel kaputt in letzter Zeit	Hilft uns, wettbewerbsfähig zu bleiben.	Brauchen neue Programme.
	Schwer, Teile zu ersetzen	Kann neue Produkte entwickeln.	Neue Hochgeschwindigkeitsdrucker helfen bei Entwicklung neuer Produkte.

Sie können mehr oder weniger Unterpunkte in Ihrer Präsentation aufnehmen. Haben Sie diesen Vorgang einmal beendet, stellen Sie Ihre Karten wieder so zusammen, wie sie am besten zu Ihren Gedanken passen. Probieren Sie verschiedene Anordnungen, um zu sehen, welche am besten geeignet ist. Halten Sie sich immer Ihre Ziele und Ihre Zuhörer vor Augen.

Bei Überzeugungspräsentationen ist es normalerweise notwendig, dass Sie Ihren Zuhörern ganz genau sagen, welche Vorteile sie davon haben, wenn sie das tun, was Sie ihnen vorschlagen. Der Vorteil kann dargelegt werden, bevor Sie mit dem Hauptteil Ihrer Präsentation beginnen, oder am Ende, oder – im Idealfall – am Anfang und am Ende. Von unserem vorangegangenen Beispiel ausgehend (warum Ihre Abteilung nächstes Jahr ein um 20 Prozent höheres Budget braucht), können wir die folgenden Vorteile für unsere Zuhörer zusammenfassen:

- Mehr Geld in unserer Abteilung ermöglicht den Ankauf eines neuen Computersystems, wodurch wir in unserer Branche wettbewerbsfähig bleiben.

- Es wird, zusammen mit den notwendigen Programmen, unseren Profit steigern, da es effizienter ist.

- Ein neues System ermöglicht uns, sowohl die Qualität unserer Produkte zu verbessern als auch neue zu entwickeln.

Jetzt können Sie entscheiden, welche Arbeitsblätter (wenn überhaupt) Sie zu Ihrer Präsentation hinzufügen möchten. Untenstehend folgen die drei wichtigsten Verwendungsmöglichkeiten von Arbeitsblättern bei einer Präsentation:

- Um wichtige Information noch einmal hervorzuheben.

- Um Handlungspunkte für die Zuhörer zusammenzufassen, damit sie der Präsentation besser folgen können.

- Um unterstützende Daten zu liefern, die nicht Ihre visuellen Hilfsmittel überladen sollen.

Erstellung visueller Hilfsmittel

Haben Sie einmal das Gerüst für den Aufbau festgelegt, müssen Sie entscheiden, ob und wie Sie visuelle Hilfsmittel einsetzen wollen. Die Richtlinien zur Erstellung und Verwendung visueller Hilfsmittel bei einer Präsentation werden später besprochen (Beginn Seite 33). Im Augenblick ist es nur wichtig, dass Sie feststellen, wie sie in Ihren geplanten Ablauf passen werden.

Der dritte Unterpunkt unter dem ersten Kernpunkt in unserem Präsentationbeispiel, das wir auf Seite 25 entwickelt haben, stellt z. B. fest, dass das alte Computersystem der Firma viel Geld kostet. Dieser Punkt könnte mit einer Grafik oder einem ähnlichen visuellen Hilfsmittel illustriert werden, wodurch die Kosten des Computers in den letzten drei Jahren gegenüber den Einsparungen mit einem neuen System in der gleichen Zeitspanne gezeigt werden.

Haben Sie diesen Spruch schon gehört?

**Sag ihnen, was Du ihnen sagen wirst –
sag es ihnen –
sag ihnen, was Du ihnen gesagt hast!**

Mit anderen Worten, geben Sie einen Vor- und Rückblick der wichtigsten Punkte Ihrer Präsentation. Dies können Sie sehr leicht erreichen, indem Sie die wichtigsten Gedanken in einem Satz zusammenfassen und sie vor und nach der Präsentation bringen. Diese Sätze sind von der Einleitung und vom Schluss getrennt.

Gehen wir zurück zu den drei Kernpunkten in unserem Beispiel, und zwar:

Wir müssen unser Computersystem modernisieren.	Wir brauchen mehr Programme, um unsere Systeme zu entwickeln.	Wir müssen die Entwicklung finanzieren.

(Denken Sie daran, unser Ziel ist es, die obere Führungsebene davon zu überzeugen, dass unsere Abteilung ein um 20 Prozent höheres Budget im nächsten Geschäftsjahr braucht.) Die Zusammenfassung der Hauptgedanken ist dann: »Wir müssen, aus verschiedenen Gründen, die ich Ihnen heute mitteilen werde, unser Computersystem modernisieren, mehr Programme mieten und die Entwicklung finanzieren.« Vor dem Schluss können Sie einen ähnlichen Satz verwenden, um eine Zusammenfassung der Hauptgedanken zu geben (z. B. »Sie haben nun gesehen, warum ein modernisiertes Computersystem, geeignetes Personal und ein Budget für eine neue Entwicklung eine gute Idee sind«).

Alle effektiven Präsentatoren machen das Gerüst für ihren Aufbau für die Zuhörer klar verständlich.

Sie sind nun soweit, die Einleitung zu entwickeln. Einleitungen können vielen verschiedenen Zwecken dienen. Einige davon sind:

- Die Aufmerksamkeit der Zuhörer zu fesseln und sie dazu zu bewegen, sich auf den Redner zu konzentrieren.

- Hintergrundinformationen für die Zuhörer zu liefern.

- Sich selbst vorzustellen. Sagen Sie Ihren Zuhörern, wer Sie sind und warum Sie befugt sind, nun über dieses Thema zu sprechen.

Unabhängig vom Zweck ist eine gute Einleitung wesentlich. Es gibt verschiedene Tricks, die Sie bei einer Einleitung verwenden können, um zusätzliches Hintergrundmaterial zu liefern und die Aufmerksamkeit der Zuhörer zu fesseln. Hier sind einige der besten Tricks:

Anekdote

Eine Anekdote ist eine kurze Geschichte, die erzählt wird, um einen wichtigen Punkt zu veranschaulichen. Sie ist manchmal lustig, muss es aber nicht sein. Ein Beispiel dafür könnte etwa so lauten: »Mein kleiner Sohn kam gestern zu mir und sagte: ›Papa, wenn du mein Taschengeld um 20,– erhöhst, werde ich den Rasen jede Woche doppelt so oft mähen. Für weitere 5,– bekommst du den schönsten Rasen in der Nachbarschaft.‹ Genauso, wenn wir die Löhne unserer Produktionsarbeiter um 10 Prozent erhöhen, dann können wir auch eine Steigerung der Produktion erwarten.«

Humor

Humor ist eine wunderbare Art, das Eis zu brechen. Aber – Vorsicht! Der Humor muss entweder mit dem Redner, dem Thema, den Zuhörern oder dem Anlass in Zusammenhang stehen.

Es gibt nichts Schlimmeres, als einen Witz in der Einleitung zu bringen, der mit der Rede nichts zu tun hat (z. B. »Haben Sie schon von der Ente gehört, die ins Geschäft kam, verschiedene Sachen bestellte und dann sagte: ›Setzen Sie alles auf meine Rechnung.‹? Nun, heute möchte ich über Datenverarbeitung in unserer Firma sprechen«). Nichts ist peinlicher als ein Witz, der nicht ankommt.

Rhetorische Fragen

Eine rhetorische Frage ist eine Frage, auf die keine Antwort erwartet wird. Ein Beispiel ist: »Wie viele Leute hier möchten mehr Geld verdienen?« Dieser Trick eignet sich ausgezeichnet, um die Aufmerksamkeit der Zuhörer zu fesseln.

Schockierende Erklärungen

Eine Bemerkung wie: »Letztes Jahr starben genug Menschen bei Autounfällen, um jeden Sitzplatz des hiesigen Fußballstadions zu füllen. Deswegen möchte ich Sie von der Notwendigkeit, Sicherheitsgurte zu tragen, überzeugen.« Diese Art von Erklärung wird Ihnen helfen, die Aufmerksamkeit Ihrer Zuhörer zu fesseln.

Aufhänger

Richtige Aufhänger nehmen den Zuhörer entweder inhaltlich oder emotional rasch gefangen.

- Inhaltliche Aufhänger sind z. B. aktuelle News, überraschende Daten und Fakten, neue Produkte, situative Ereignisse, Gemeinsamkeiten mit Zuhörern.

- Emotionale Aufhänger machen besonders betroffen und aufmerksam. Dazu ist keine lange und eindrucksvolle Rede erforderlich. Ein einfaches Bild (»Hungernde Kinder in Afrika«, »Waldsterben«, »Auswirkungen des Krieges« usw.) lässt Ihre Teilnehmer interessiert zuhören.

Ein guter Schluss kommt immer auf das Material Ihrer Einleitung zurück. Sie sollten sich im Normalfall auf Hintergrundmaterial, rhetorische Fragen, Anekdoten oder Daten beziehen, die Sie in Ihrer Einleitung verwendet haben.

Bei Überzeugungspräsentationen brauchen Sie manchmal einen Aufruf zum Handeln in Ihrem Schluss. Sagen Sie Ihren Zuhörern, was sie tun sollen (z. B.: Sollen Sie ein Gruppenmeeting einberufen, um die neue Lösung durchzuführen? Sollen sie Ihnen diese Budgeterhöhung gewähren?). Ihr Schluss sollte ihnen sagen, welche spezifischen Handlungen, wie und warum sie diese setzen sollen.

Einleitung und Schluss machen aus dem Hauptteil erst eine richtige Rede. Ohne Einleitung und Schluss, oder wenn sie nicht voll entwickelt sind, haben Sie keine vollständige Präsentation, und die Zuhörer werden das merken.

Teil 4:
Erstellung visueller Hilfsmittel

In diesem Kapitel werden Sie lernen, wie Sie visuelle Hilfsmittel vorbereiten und bei Ihrer Rede verwenden können. Bei den meisten Präsentationen in der Geschäfts- und Berufswelt werden Overheadfolien verwendet, deshalb werden wir uns auf ihre Verwendung konzentrieren. Aber auch Tipps für die Verwendung von Flipcharts, 35-mm-Dias und anderen Mitteln werden in diesem Kapitel besprochen.

Erstellen Sie visuelle Hilfsmittel, wenn Sie Folgendes tun müssen:

- Die Aufmerksamkeit der Zuhörer auf etwas konzentrieren.
- Die verbale Botschaft verstärken (aber nicht Wort für Wort wiederholen!).
- Das Interesse stimulieren.
- Fakten illustrieren, die schwer zu veranschaulichen sind.

Wenn Sie visuelle Hilfsmittel aufbauen, wenden Sie das KEPA-Prinzip (kurz, einfach, präzise, anschaulich) an. Überladen Sie die Diagramme nicht mit zu vielen Daten. Wenn Sie das tun, wird das Interesse Ihrer Zuhörer schnell erlahmen, oder sie werden sich in den Daten und Fakten verlieren.

Vermeiden Sie Diagramme wie das folgende:

Tabelle der monatlichen Sozialversicherungsleistungen

monatlicher Betrag	monatl. Auszahlung f. Anspruchsberechtigte						monatl. Auszahlung f. Angehörige					
	Pension mit 65	Pension mit 60	Angehöriger			Maxim. Betrag	kinderlos		1 Kind	1 Erw.	2 Kinder oder 1 K+1 E	Maximaler Betrag
			kinderlos 65	kinderlos 60	mit Kind		65	60				
400	282	226	141	106	141	340(6)	282	202			424	424
450	298	239	149	112	149	382(6)	298	213			448	448
500	314	251	157	118	157	425(6)	314	22?			472	472
550	330	264	165	124	165	467(6)	330					496
600	346	277	173	130	173	510(6)	346					526
650	362	290	181	136	181	544	362					549
700	378	303	189	142	189	568	378					
750	394	315	197	148	197	592	394					
800	410	328	205	154	205	616	41?					
850	426	341	213	160	213	640	42?					
900	442	354	221	166	221	664	44?					
950	458	367	229	172	229	688	45?					
1,000	474	379	237	178	237	712	474					
1,100	506	405	253	190	253	760	506					
1,200	538	431	269	202	269	808	538					
1,300	570	456	285	214	285	856	570					
1,400	602	482	301	226	301	904	602					,070
1,500	634	507	317	238	317	952	634					1,113
1,600	666	533	333	250	333	1,000	666	47?				1,166
1,700	683	547	341	256	341	1,025	683	488				1,196
1,800(7)	698	559	349	262	349	1,048	698	499			,048	1,222
1,900	713	571	356	267	356	1,070	713	510	535	588	1,070	1,248
2,000	728	583	364	273	364	1,093	728	521	546	601	1,093	1,273
2,100	743	595	371	278	371	1,115	743	531	557	613	1,115	1,301
2,200	758	607	379	284	379	1,138	758	542	569	626	1,138	1,327
2,300	773	619	386	290	386	1,160	773	553	580	683	1,160	1,353
2,400	788	631	394	295	394	1,183	788	564	591	650	1,183	1,380
2,500	803	643	401	301	401	1,205	803	574	602	663	1,205	1,406
2,600	818	655	409	307	409	1,228	818	585	614	675	1,228	1,432
2,700	833	667	416	312	416	1,250	833	596	625	687	1,250	1,458
2,800(8)	848	679	424	318	424	1,273	848	606	636	700	1,273	1,485
2,900	863	691	431	323	431	1,295	863	617	647	712	1,295	1,511
3,000(9)	878	703	439	329	439	1,318	878	628	659	725	1,318	1,537

Vermeiden Sie das!

Vereinfachen Sie die Tabelle, und lenken Sie die Aufmerksamkeit Ihrer Zuhörer dorthin, wo Sie sie haben wollen.

→ **Zahlendiagramme – verwenden Sie maximal 30 Zahlen pro visuellem Hilfsmittel. Eine Zahl kann bis zu fünf Stellen haben – z. B. 18,922 gilt als eine Zahl. Bei mehr als fünf Stellen sieht das visuelle Hilfsmittel zu überladen aus, und die Konzentration der Zuhörer geht verloren.**

	Monatssummen			
	Abnahme	Summe	Rücknahme	Betrag
	179,880	423,3660	967	334,07
	128,864	345,7670	860	287,74
	34,221	678,4440	733	982,21
	129,775	654,9980	1887	658,89
	378,664	739,6000	431	295,58
	194,775	187,4659	223	295,50
	198,856	189,9570	582	377,89
	746,599	879,9560	334	867,73
	286,675	385,7689	233	286,57
	196,999	285,8678	188	296,97
	185,868	286,8786	299	185,90
Gesamt	2661,767	5058,3140	6737	4869,13

In diesem Fall ist nur die Zeile mit den Gesamtsummen wesentlich – die restliche Information könnte auf einem Informationszettel gegeben werden.

Vermeiden Sie Anhäufungen von Daten. Wenn Ihre Präsentation mit zu viel visuellen Hilfsmitteln oder mit zu viel Informationen überladen ist, ist sie weniger effizient und verliert an Wirkung. Für gewöhnlich gilt: je weniger, desto besser.

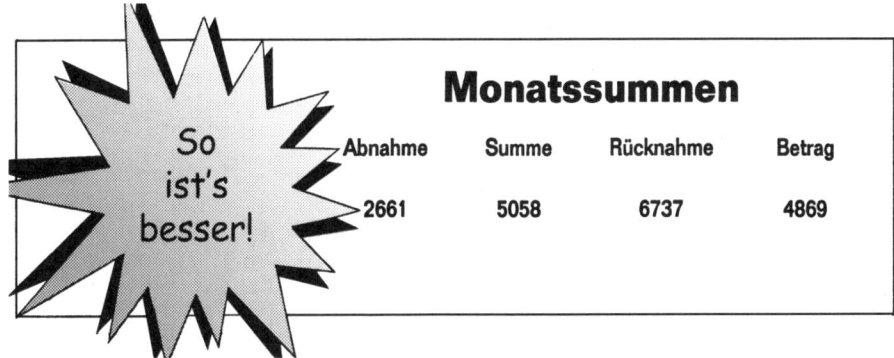

So ist's besser!	**Monatssummen**			
	Abnahme	Summe	Rücknahme	Betrag
	2661	5058	6737	4869

→ Für Textfolien verwenden Sie maximal 36 Wörter (ohne Überschrift). Versuchen Sie, die Information in höchstens sechs
Zeilen mit nicht mehr als sechs Wörtern pro Zeile zu bringen.
Wenn Sie mehr Platz brauchen (wie in dem Beispiel unten),
verwenden Sie mehr Zeilen, aber weniger Wörter. Es ist nicht
notwendig, jedes Wort Ihrer Präsentation zu wiederholen.
Sie wollen einfach Ihre wichtigsten Punkte für den Zuhörer
noch einmal betonen.

Der Aufbau Ihrer Präsentation

Es ist eine gute Idee, zuerst die Ziele zu entwickel
müssen Sie Ihre Zuhörer sorgfältig analysieren,
und die Unterpunkte Ihrer Präsentation getrenn
niederschreiben. Wenn es eine Überzeugungsp
auch entscheiden, welche Teilnehmervorteile es
sachliche Informationen und bereiten einen Entw
Erstellen Sie auch alle visuellen Hilfsmittel, Informa
die Sie brauchen werden. Und vergessen Sie nicht, zu u

Vermeiden Sie das!

Dieses Diagramm ist effektiver, wenn es folgendermaßen aufgebaut ist:

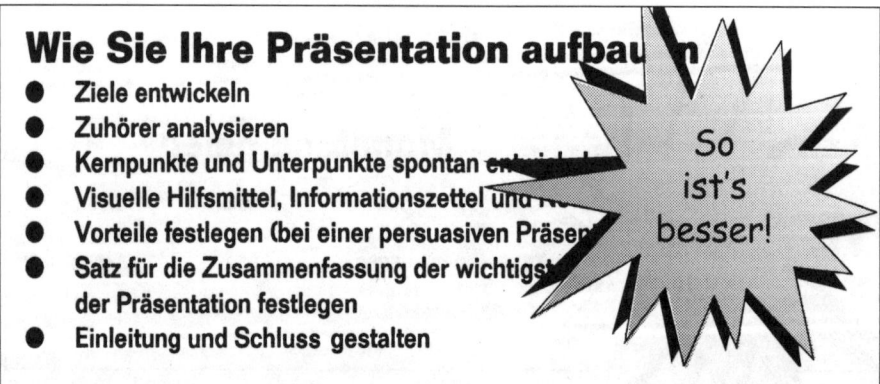

Wie Sie Ihre Präsentation aufbau

- Ziele entwickeln
- Zuhörer analysieren
- Kernpunkte und Unterpunkte spontan e
- Visuelle Hilfsmittel, Informationszettel und
- Vorteile festlegen (bei einer persuasiven Präse
- Satz für die Zusammenfassung der wichtigs
  der Präsentation festlegen
- Einleitung und Schluss gestalten

So ist's besser!

Wenn Sie die Informationen kurz und bündig auf Ihren Diagrammen festhalten,
können sie die Zuhörer besser behalten.

→ **Meistens müssen wir Zahlen im Vergleich präsentieren. Für einen relativ einfachen Vergleich sind ohne Grafik bereits viele Worte nötig. Durch eine simple Darstellung wird die Präsentation anschaulich, verständlich und damit einprägsam.**

Die vier gebräuchlichsten Arten, Zahlen darzustellen, sind:

■ Säulen oder Blöcke

■ Kurven oder Linien

■ Kreise und

■ Balken

Es folgen einige Beispiele, wie verschiedene Arten von Information mit visuellen Hilfsmitteln effektiv präsentiert werden können.

Säulen oder Blöcke

■ Einfache Säulen- oder Blockdiagramme

werden meistens für einen Vergleich innerhalb eines bestimmten Zeitraums oder zu einem bestimmten Zeitpunkt verwendet. Zum Beispiel:

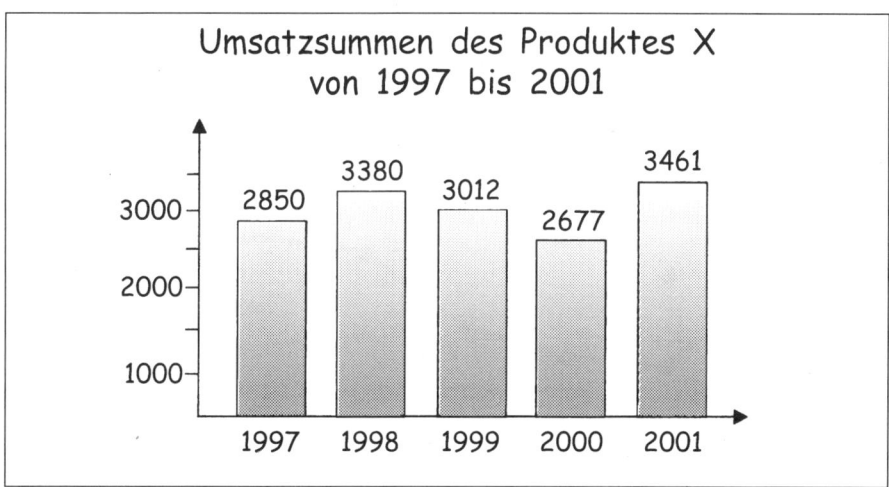

■ Summensäulen oder -blöcke

geben den Anteil der Einzelteile an der Gesamtmenge an. Zum Beispiel:

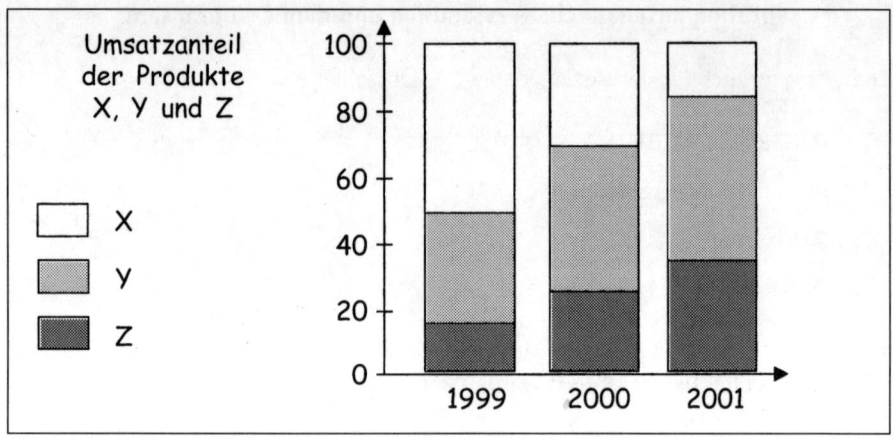

■ Kurven oder Linien

Damit werden Zeitverläufe, Häufigkeitsverteilungen, Zusammenhänge, Funktionen, Profile usw. veranschaulicht.

  – Zeit ... zeigt Zeitveränderungen innerhalb eines gewissen Zeitraums. Säulen- oder Kurvendiagramme sind am häufigsten.

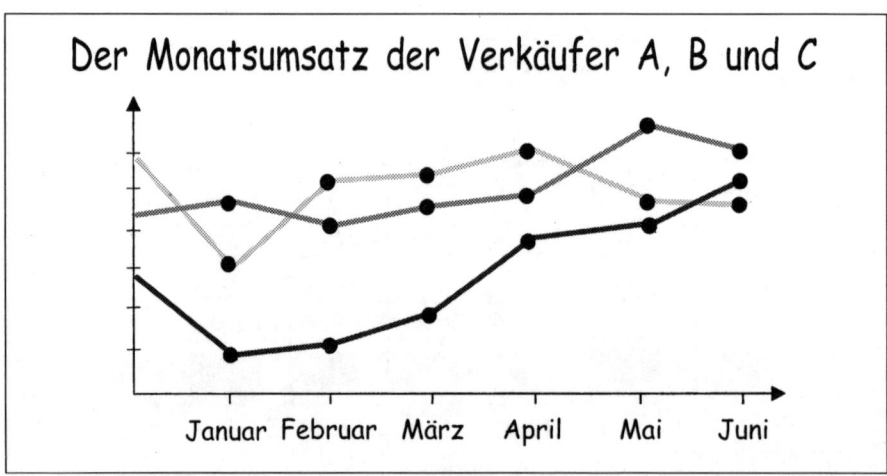

– Häufigkeit ... zeigt die Zahl der Punkte in unterschiedlichen Zahlenreihen. Säulen- und Kurvendiagramme werden auch hier verwendet.

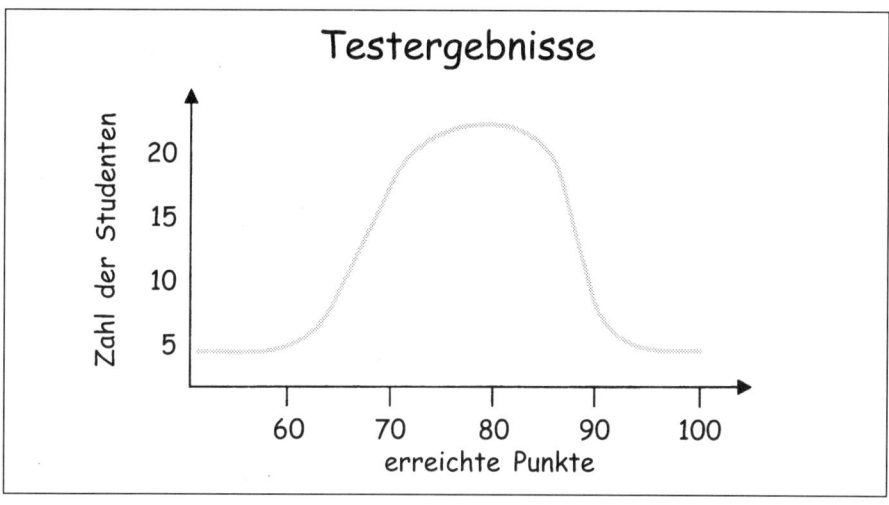

– Zusammenhänge ... zeigt die Beziehung zwischen Variablen. Es werden Balken- und Punktdiagramme verwendet, um Zusammenhänge zu illustrieren.

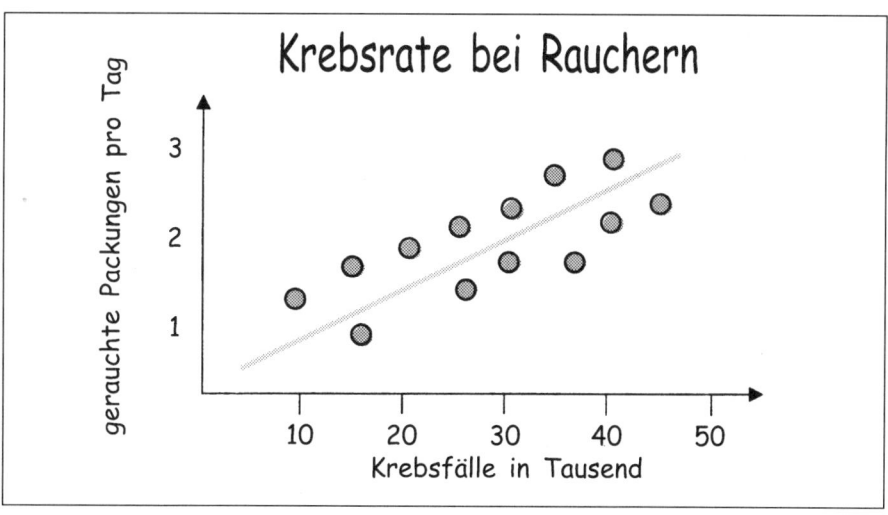

– Funktion ... zeigt die Abhängigkeit einer Variablen (z. B. Konzentrations-
fähigkeit) von einer anderen Variablen (z. B. Zeit) an.

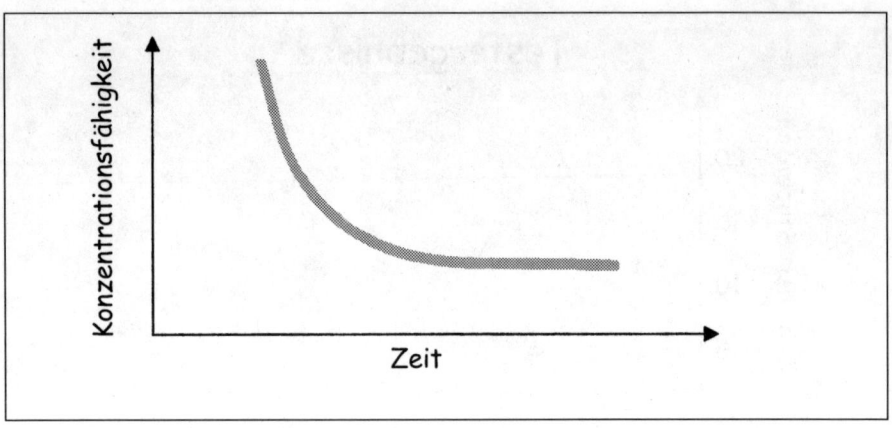

– Profil ... gibt die Ausprägung verschiedener Variablen in Bezug auf eine Person
oder Sache an.

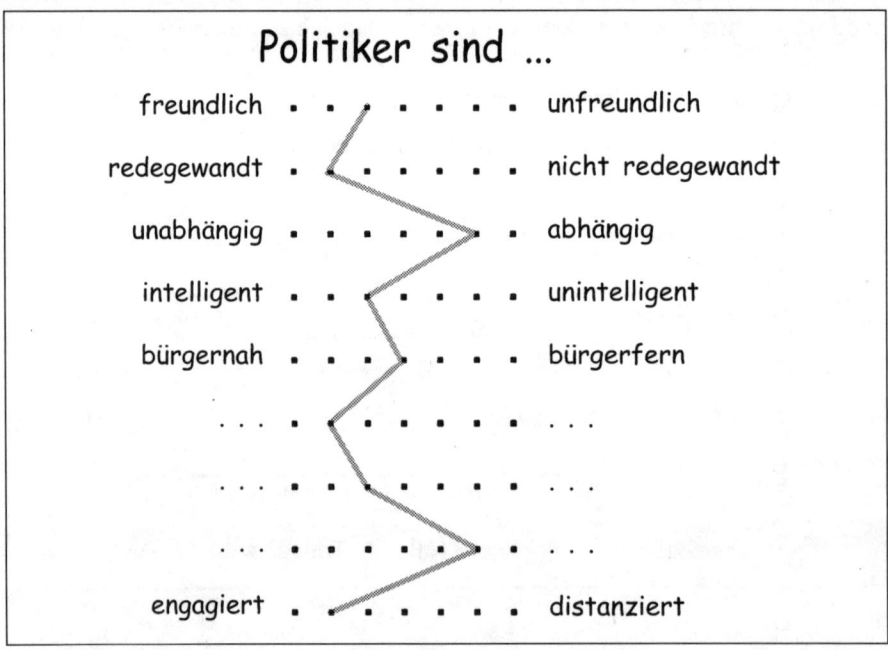

■ Kreise, Kreissegmente

– Prozent ... zeigt einen Vergleich als Prozentsatz von einem Ganzen. Meistens werden Torten- oder Kreisdiagramme verwendet.

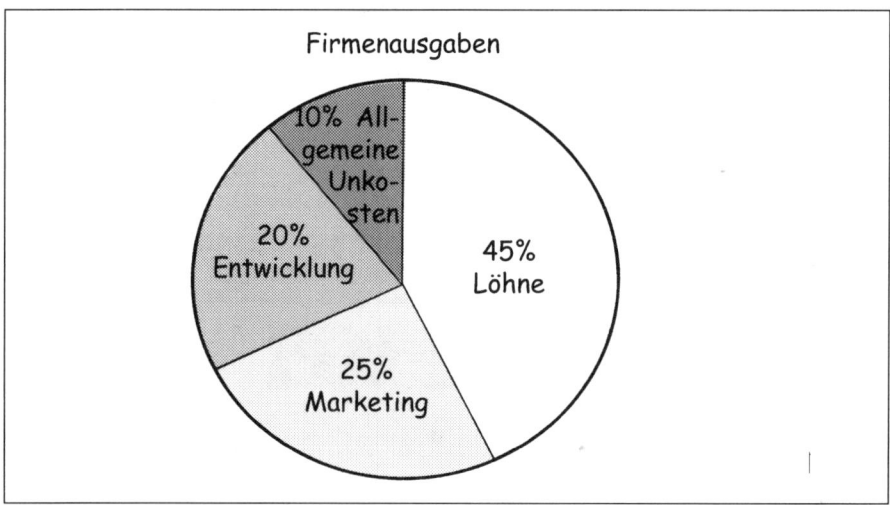

Firmenausgaben

Die verschiedenen Anteile – also Prozente – müssen in die entsprechende Anzahl von Graden eines Kreises umgerechnet werden. Dies erfolgt mit der Formel:

$$\% \text{ Anteil} = \frac{\text{Anzahl der Prozente x } 360}{100}$$

$$\text{z. B. } 45\% \text{ Anteil} = \frac{45 \text{ x } 360}{100} = 162°$$

Nun legen Sie im Kreis bei der 12-Uhr-Marke den Winkelmesser an und zeichnen im Uhrzeigersinn einen Winkel von 162° ein.

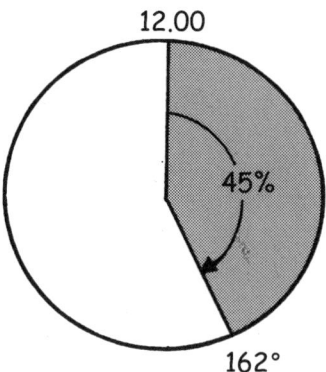

12.00

45%

162°

■ Balken

... zeigen einen Vergleich und eine Rangordnung. Für gewöhnlich ein Balken (horizontale Linien) oder ein Säulendiagramm (vertikale Linien).

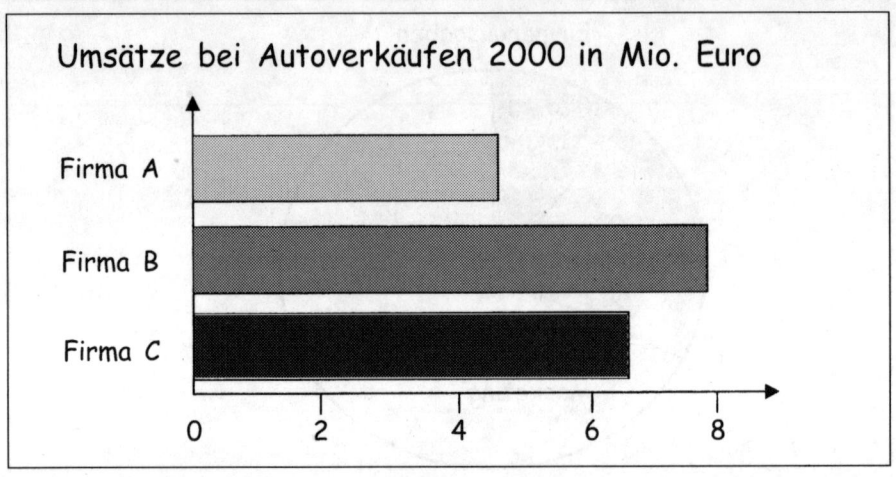

Gestaltung der Überschriften für Ihre visuellen Hilfsmittel

Es gibt drei Grundtypen von Überschriften für Ihre visuellen Hilfsmittel. Sie können folgende drei Arten von Überschriften verwenden – entscheiden Sie sich für jene, die am besten für Ihre Bedürfnisse geeignet ist:

■ **Das Thema**

– wird verwendet, wenn es nicht notwendig ist, eine spezifische Botschaft zu vermitteln, sondern um Informationen oder reine Daten zu liefern wie im Beispiel unten:

Verkaufszahlen

■ **Der Inhalt**

– wird verwendet, um den Zuhörern zu sagen, welche Information sie aus den präsentierten Daten entnehmen sollen. Ein Beispiel wäre:

2001 um 20% mehr Verkäufe als 2000

■ **Eine Behauptung**

– wird verwendet, wenn Sie den Zuhörern Ihre Meinung über die Schlüsse, die sie aus den Daten ziehen sollen, sagen wollen. Diese Überschrift wird meistens bei Überzeugungspräsentationen verwendet, wie im folgenden Beispiel:

Wir sollten unsere Verkaufsanstrengungen auf die Handelspartner der EU konzentrieren

Hinweis

Stellen Sie bei Ihrer Präsentation den Menschen in den Mittelpunkt und nicht die Hilfsmittel. Zu viele Präsentatoren verlassen sich auf Hilfsmittel als Träger der Botschaft. Hilfsmittel sind sicherlich eine Unterstützung, aber Ihre Beziehung zu den Zuhörern und Ihre gegenseitige Wechselwirkung machen den Unterschied zwischen einer effektiven und einer ineffektiven Präsentation aus.

1. so wenig Information wie möglich, so viel wie nötig
2. Information stichwortartig
3. Schriftgröße für Kleinbuchstaben mindestens 5 mm
4. Druckbuchstaben verwenden
5. pro Folie nur 1 Thema
6. pro Thema nicht mehr als 6 bis 8 Zeilen
7. pro Zeile nicht mehr als 3 bis 5 Wörter
8. Folie richtig gestalten

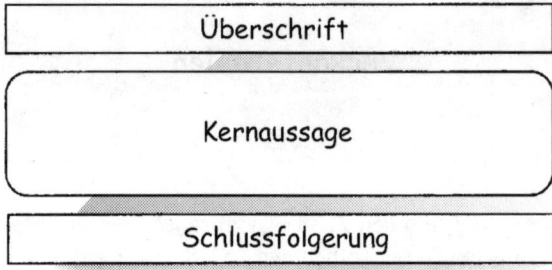

9. richtige Gestaltungselemente verwenden

10. Farben verwenden (maximal 3 Farben pro Folie)
11. Farbgestaltung mit Adhäsionsfolien
12. Mut zur Lücke, Verzicht auf Details
13. kopierte Vorlagen aus Büchern, Skripten, Zeitungen aufblasen
14. nicht nur Schrift, sondern auch Grafiken und Cartoons verwenden
15. wasserfeste (Permanent-)Stifte verwenden
16. mit Löschstift wasserfeste Schrift korrigieren

Teil 5:
Einsatz visueller Hilfsmittel in Ihrer Präsentation

Fallstudie

Ernst muss vor einer Gruppe von Ingenieuren, mit denen er zusammenarbeitet, eine Präsentation halten, in der er ein wichtiges neues Projekt, das er der Firma vorschlägt, vorstellt. Er hat Wochen mit der Vorbereitung dieser 30 Minuten dauernden Präsentation zugebracht. Dieses Projekt ist für Ernst wichtig, und er wird sehr nervös, wenn er an die Präsentation denkt.

Ernst hat 75 Overheadfolien für die Präsentation vorbereitet. Jede ist übervoll von Informationen. Zu Beginn der Präsentation stellt Ernst fest, dass er für die Besprechung jeder einzelnen Folie mehr Zeit braucht, als er gedacht hatte. Die Zeit, die ihm zur Verfügung steht, verrinnt sehr schnell. Er spricht immer schneller, und um rechtzeitig fertig zu werden, zeigt er die letzten Folien, ohne Erläuterungen zu geben.

Andreas arbeitet in einer großen Bank. Er muß eine Präsentation über die Vergangenheit, die Gegenwart und die Zukunft der Abteilung für Unternehmensfinanzierung seiner Bank vor einer Gruppe hochgestellter Abteilungsleiter halten. Es liegt Andreas viel daran, dass seine Präsentation gut über die Bühne geht.

In seinem 30minütigen Bericht möchte Andreas Overheadfolien verwenden, und er hat zehn vorbereitet, welche die wichtigsten Informationen aus seinem schriftlichen Bericht zusammenfassen. Jede Folie behandelt einen einzigen Punkt, enthält aber genug Informationen, um das Thema abzudecken und um die Argumente, die Andreas vorbringt, zu verstärken. Er weiss, dass eine Zusammenfassung der Informationen auf seinen visuellen Hilfsmitteln genug Stoff für eine spätere Besprechung bieten wird. Andreas' Einstellung besteht darin, die visuellen Hilfsmittel für sich arbeiten und nicht die Präsentation von ihnen erdrücken zu lassen.

Wer war erfolgreicher und warum?

Lenken Sie die Aufmerksamkeit der Zuhörer

Lernen Sie, die Aufmerksamkeit der Zuhörer dorthin zu lenken, wo Sie sie haben wollen. Wenn Sie visuelle Hilfsmittel verwenden, ist die Aufmerksamkeit der Zuhörer geteilt. Um sie »zurückzugewinnen«, müssen Sie ihre Aufmerksamkeit umlenken. Dies wird für gewöhnlich dadurch erreicht, dass Sie die visuellen Hilfsmittel abdrehen bzw. abdecken und ein oder zwei Schritte auf die Zuhörer zugehen.

Haken Sie jene Techniken ab, die Sie bei der nächsten Präsentation, die Sie halten werden, verwenden wollen.

Ich werde ...

1. ... den Overheadprojektor abdrehen, wenn es eine längere Erklärung über einen Punkt auf der Overheadfolie gibt und es nicht notwendig ist, dass die Zuhörer auf die Projektionswand schauen. Ich werde das Gerät nicht so ein- und ausschalten, dass es ablenkt, aber ich werde es auch nicht so lange laufen lassen, dass die Zuhörer sich auf die Folie konzentrieren und nicht auf mich .... ☐

2. ... einen Flipchart-Bogen umdrehen, wenn ich nicht mehr darauf Bezug nehme. Wenn die Flipcharts bereits vorbereitet wurden, werde ich drei Bogen zwischen je zwei vorbereiteten Bogen frei lassen, sodass der nächste Bogen erst sichtbar ist, wenn ich ihn in meiner Präsentation brauche .... ☐

3. ... alles, was ich auf die Tafel geschrieben habe, aus den oben genannten Gründen löschen. Jede Information, die die Zuhörer zur Kenntnis genommen haben und die ich für eine spätere Bezugnahme nicht mehr brauche, kann weggewischt werden .... ☐

4. ... die Dia-Präsentation unterbrechen, indem ich ein schwarzes Dia dazwischenschiebe, wenn eine Erklärung notwendig ist oder wenn ich einen Übergang zu einem anderen Abschnitt machen möchte. Dies wird die Wachsamkeit meiner Zuhörer erhöhen und mir helfen, ihre Aufmerksamkeit zurückzugewinnen. In der Nähe des Platzes, wo ich stehe, werde ich etwas Licht brennen lassen, sodass sich die Aufmerksamkeit auf mich konzentriert, sobald die Leinwand schwarz wird .... ☐

5. ... einen Gegenstand so zeigen oder vorführen, dass ich ihn dann aufdecke, wenn ich mich auf ihn beziehe, und ihn zudecke, wenn er nicht mehr gebraucht wird. Wenn der Gegenstand nicht zugedeckt wird, werden die meisten Leute ihn weiterhin neugierig betrachten und einen Teil meiner Präsentation versäumen .... ☐

6. ... vermeiden, Gegenstände bei den Zuhörern herumgehen zu lassen, da das sehr ablenkt. Ich werde zu den Zuhörern gehen und den Gegenstand jedem kurz zeigen, und dann, am Ende des Vortrags, werde ich allen die Möglichkeit geben, ihn genauer zu betrachten .... ☐

Entscheiden Sie im Vorhinein, worauf sich die Zuhörer konzentrieren sollen. Möchten Sie, dass die Aufmerksamkeit zwischen Ihnen und den visuellen Hilfsmitteln aufgeteilt ist, oder brauchen Sie die ungeteilte Aufmerksamkeit?

Wenn Sie einen Overheadprojektor oder Flipcharts verwenden, sollte das eine Bereicherung Ihrer Präsentation sein und nicht von ihr etwas wegnehmen. Das können Sie dadurch erreichen, daß Sie die Overhead-Projektionswand oder die Flipcharts in einem 45°-Winkel und leicht seitlich vom Raummittelpunkt aufstellen. So kann der Präsentator die zentrale Position einnehmen und die Aufmerksamkeit seiner Zuhörer leichter auf die Erklärung der gezeigten Daten konzentrieren.

Abbildung 1 zeigt, wie ein Raum am besten angeordnet werden kann, um die Konzentration der Zuhörer auf den Redner zu lenken.

Abbildung 2 zeigt den Raum so angeordnet, daß der Redner mit seinen visuellen Hilfsmitteln um die Aufmerksamkeit der Zuhörer konkurriert.

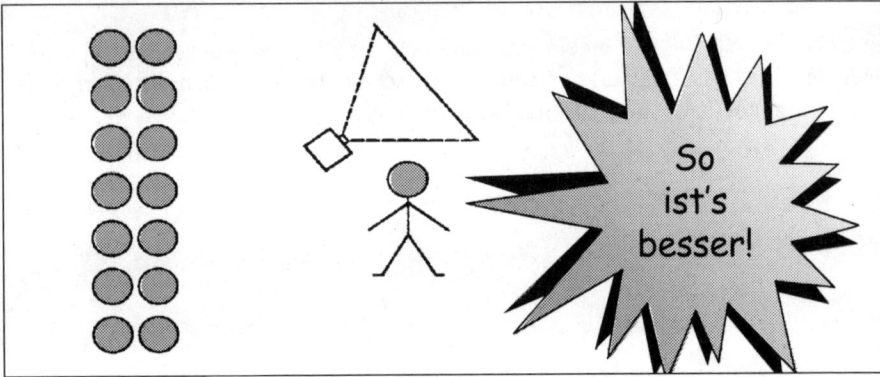

Abb. 1: Projektionswand in 45°-Winkel zu den Zuhörern gibt dem Redner die zentrale Position.

Abb. 2: Der Redner konkurriert mit seinen visuellen Hilfsmitteln.

■ Wo und wie Sie stehen sollen

Ein größeres Problem bei der Verwendung visueller Hilfsmittel ist, dass die Redner ihre Präsentation oft zu den visuellen Hilfsmitteln und nicht zu den Zuhörern halten. Dieser Fehler kann leicht korrigiert werden, wenn der Redner daran denkt, während der ganzen Präsentation mit den Schultern in Richtung Zuhörer zu stehen, wie es in Abbildung 1 gezeigt wird. Abbildung 2 zeigt, was passiert, wenn Sie Ihre Schultern zu den visuellen Hilfsmitteln drehen.

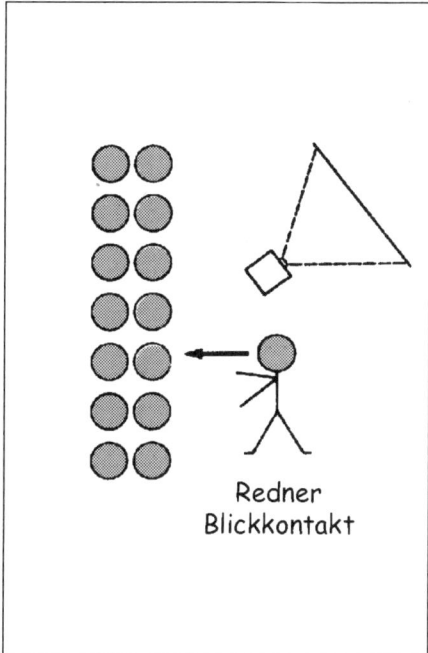

Abbildung 1

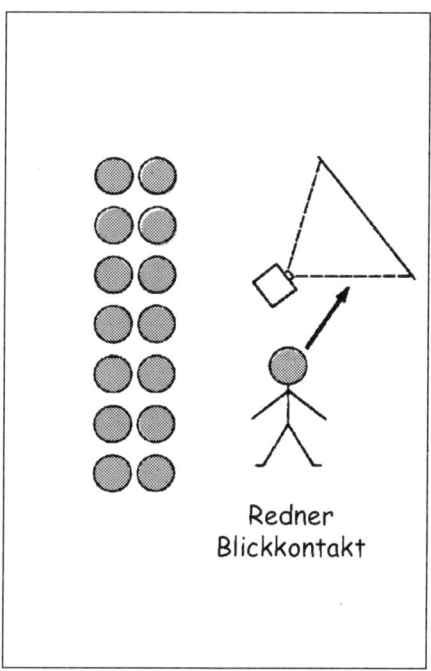

Abbildung 2

→ **Denken Sie daran: Sprechen Sie erst, wenn Sie mit Ihren Zuhörern Blickkontakt haben! Wenn Sie etwas auf das Flipchart-Papier, die Overheadfolie oder die Tafel schreiben müssen, unterbrechen Sie Ihre Rede, während Sie schreiben.**

Tipps für die Verwendung von Zeigestäben

Zeigestäbe sollten verwendet werden, um einen schnellen visuellen Bezug auf ein Bilddiagramm herzustellen oder um die Beziehung von Daten auf einer Grafik aufzuzeigen. Bei Wortdiagrammen brauchen Sie keine Zeigestäbe, da Sie sich auf jeden Punkt mit einem Wort oder einer Zahl beziehen können.

■ Wenn Sie einen Zeigestab verwenden, lassen Sie Ihren Oberkörper weiterhin den Zuhörern zugewandt. Kreuzen Sie Ihren Arm nicht vor dem Körper, um etwas auf der Leinwand zu zeigen, sondern halten Sie den Zeigestab in jener Hand, die der Leinwand am nächsten ist.

■ Spielen Sie nicht mit dem Zeigestab herum, wenn Sie ihn nicht verwenden. Klappen Sie ihn entweder zusammen, und stecken Sie ihn weg, oder legen Sie ihn nieder.

■ Wenn Sie den Zeigestab auf dem Overheadprojektor liegen lassen, so kann das zu viel Aufmerksamkeit auf die Leinwand konzentrieren und vom Redner ablenken.

Checkliste: Tipps zum Arbeiten mit dem Overheadprojektor (OHP)

1. sich über die Funktionsweise des OHP vor der Präsentation informieren (Ein/Ausschalter, Ersatzlampe, Gelbrandausgleich, Schärfe usw.)

2. vor der Präsentation OHP scharf einstellen

3. geeignete Leinwand verwenden

4. seitlich vom OHP stehen oder sitzen, nicht mit dem Körper die Projektion verdecken

5. mit Rollfolie arbeiten, wenn ein Thema erst entwickelt wird

6. vorbereitete Folie nicht länger als zehn Minuten besprechen

7. nicht zu viele Folien hintereinander

8. auf der Folie zeigen, nicht auf der Projektionswand

9. bei Schriftfolien Abdecktechnik verwenden

10. zum Publikum sprechen, nicht zum OHP oder zur Projektionswand

11. bei komplexen Inhalten Overlay-Folien verwenden

12. wasserlösliche Stifte für Arbeits-/Ergänzungsfolien verwenden

13. wasserfeste Stifte für vorbereitete Folien oder Rollfolien benutzen

Checkliste: Gestaltungsregeln für visuelle Hilfsmittel

Merkmal	Gestaltungselemente
1. Lesbarkeit	
■ Schriftart	Druckbuchstaben
■ Schriftgröße	Folie 5 mm, Flipchart 30 mm
2. Übersichtlichkeit	
■ Struktur	max. 3 Ebenen (1, 1.1, 1.1.1)
■ Textmenge	Stichworte
■ Zahlenmenge	nur wesentliche Zahlen, max. 3 Ziffern
■ Präzisionsgrad	auf Details verzichten (1,73 Mio. statt 1,732.589)
■ Vergleiche	vertikal anordnen, horizontal nur bei max. 3 bis 4 Zahlen
3. Attraktivität	
■ Titel	eine Überschrift pro Folie/Flip
■ Farbe	nicht mehr als 3 Farben
■ Gestaltung	Rahmen, Rasterhinterlegung, Kreise, Pfeile, Wolken
■ Bilder	einfache Handskizzen, Piktogramme
■ Tabellen	nur horizontale Gliederungslinien

Teil 6:
Vorbereitung auf Ihre Präsentation

Bei der Vorbereitung auf Ihre Präsentation müssen Sie so viel wie möglich üben und proben. Das wird Ihnen helfen, Ihre Arbeit so gut zu machen, wie Sie nur können. Manchmal muss eine Präsentation in letzter Minute zusammengestellt werden, und so bleibt nur wenig Zeit zum Vorbereiten und Üben. Diese Situation führt meistens zu erhöhter Angst des Redners und oft zu nicht ganz so professionellen Präsentationen. Später werden Sie in diesem Buch einige Techniken für Ad-hoc-Präsentationen oder Präsentationen aus dem Stegreif finden.

»Das ist Herr Müller. Er ist mit einigen seiner Steuerberater und Anwälte vorbeigekommen. Geben Sie ihm bitte einen Überblick über seinen Kontostand, Frau Wimmer.«

Nachstehend finden Sie eine Checkliste für Ihre Proben. Wenn Sie sich diese Schritte immer vor Augen halten, wird Ihnen das helfen, eine Präsentation entspannter und mit mehr Selbstvertrauen und Begeisterung vorzutragen.

1. Vergewissern Sie sich, dass Ihre Notizen nur aus »Stichwörtern« bestehen und mit großen Buchstaben auf Karteikarten geschrieben sind. Dies wird Ihnen Gedanken in Erinnerung rufen, ohne dass Sie Ihren Zuhörern etwas vorlesen müssen .... ☐

2. Gehen Sie Ihre Präsentation im Geiste durch, um jeden Gedanken der Reihe nach zusammenzufassen .... ☐

3. Wiederholen Sie den oben genannten Vorgang so lange, bis Sie mit dem Fluss Ihrer Gedanken vertraut sind und auch wissen, wo Sie visuelle Hilfsmittel als Unterstützung einsetzen wollen.............. ☐

4. Beginnen Sie mit den Proben für Ihre Präsentation im Stehen. Versuchen Sie, einen Übungsraum zu bekommen, der ähnlich jenem ist, in dem Sie tatsächlich Ihre Präsentation halten werden ...... ☐

5. Halten Sie eine simulierte Präsentation Gedanken für Gedanken (nicht Wort für Wort). Konzentrieren Sie sich dabei so wenig wie möglich auf Ihre Aufzeichnungen und soviel wie möglich auf die Zuhörer .... ☐

6. Üben Sie Antworten auf Fragen, die Sie von den Zuhörern erwarten .... ☐

7. Halten Sie noch einmal die vollständige Präsentation. Wenn möglich, nehmen Sie sich dabei selbst auf Video auf, oder lassen Sie sich von einem Freund Feedback geben .... ☐

8. Gehen Sie die Videoaufnahmen und/oder das Feedback Ihres Freundes durch, und bauen Sie jede notwendige Veränderung in Ihre Präsentation ein .... ☐

9. Halten Sie ein oder zwei Generalproben mit Ihrer Präsentation in der endgültigen Fassung .... ☐

Überprüfung der Räumlichkeiten und der Geräte für Ihre Präsentation

Ludwig arbeitete die ganze Woche an der Vorbereitung seiner vierteljährlichen Präsentation. Er probte im Stehen und verwendete dabei alle seine visuellen Hilfsmittel und fühlte sich vorbereitet und zuversichtlich. Am Morgen seiner Präsentation kam er zeitig, um noch ein letztes Mal sein Material durchzugehen.

Beim Eintreten in den Versammlungsraum für seine Präsentation bemerkt er seinen Vorgesetzten und seinen Abteilungsleiter unter den Zuhörern. Er ist nervös, aber er weiß, dass er gut vorbereitet ist. Er beginnt seine Präsentation und geht dann zum Overheadprojektor, um seine erste Folie zu zeigen. Er dreht den Schalter an, aber nichts passiert. Er stellt fest, dass das Gerät angesteckt ist. Als nächstes überprüft er die Lampe und muss feststellen, dass sie ausgebrannt ist. Er weiss, daß die meisten Overheadprojektoren Ersatzlampen haben, aber als er sie sucht, bemerkt er, dass sich niemand darum gekümmert hat, eine neue Ersatzlampe zu besorgen. Er braucht zwanzig Minuten, um eine neue Lampe aufzutreiben.

Diese Situation hätte vermieden werden können, hätte Ludwig von vornherein den Overheadprojektor überprüft. Einige Minuten für die Planung, für die Überprüfung der Geräte und für das Arrangieren der Sitzordnung kann Katastrophen verhindern. Redner können für gewöhnlich bis zu einem gewissen Maß den Ort, wo sie Präsentationen halten, überprüfen. Nachstehend finden Sie acht Punkte, an die Sie denken sollten, bevor Sie sprechen.

Overheadprojektoren

Vergewissern Sie sich, dass die Lampe nicht ausgebrannt ist und eine Ersatzlampe bereit ist. Wenn Sie die Projektionswand säubern, wird vielleicht das Bild schärfer werden. Brauchen Sie Folien? Haben Sie Stifte dafür?

Flipcharts

Gibt es genug Papier? Haben Sie genug Flipchart-Stifte bei der Hand? Haben Sie sie überprüft, um sicher zu sein, dass sie nicht ausgetrocknet sind?

Dia-Projektoren

Ist er betriebsbereit? Ist die Linse groß genug, um die Bildgröße zu liefern, die Sie brauchen? Paßt Ihre Diakassette in den Projektor? Steht er so, dass das Bild genau auf die Leinwand trifft? Hat er eine funktionierende Fernbedienung, oder können Sie jemanden finden, der den Projektor für Sie bedient? Haben Sie schon Erfahrung bei der Verwendung dieses Gerätes?

Arbeitsblätter

Sind die Arbeitsblätter greifbar und geordnet, sodass sie mit einer minimalen Unterbrechung ausgeteilt werden können? Haben Sie dafür gesorgt, dass jemand beim Austeilen hilft, wenn es notwendig ist?

Zeigestäbe

Werden Sie einen Zeigestab brauchen? Ist er greifbar, sodass Sie ihn verwenden können, wenn Sie ihn während der Präsentation brauchen?

Mikrofon

Wenn Sie zu mehr als 50 bis 100 Menschen sprechen, werden Sie wahrscheinlich ein Mikrofon brauchen. Vor Ihrer Präsentation können Sie ein Mikrofon verlangen, das Ihnen erlaubt, umherzugehen. Nehmen Sie ein tragbares Mikrofon mit einer Verlängerungsschnur von 3 bis 5 Metern oder ein Ansteckmikrofon, das Sie an Ihr Sakko oder Ihre Krawatte stecken, sodass Sie Ihre Hände frei haben.

Beleuchtung

Brauchen Sie gedämpftes Licht im Raum? Sehen Sie nach, ob es einen Dimmerschalter gibt. Bei Präsentationen mit 35-mm-Dias ist es günstig, etwas Licht im Raum brennen zu lassen, damit Sie nicht zur Stimme im Dunkeln werden. Überprüfen Sie, ob alle Glühbirnen und Beleuchtungskörper funktionieren.

Sitzordnung

Wenn Sie Einfluß auf die Sitzordnung im Raum nehmen können, tun Sie es. Wenn möglich, teilen Sie die Sitzordnung so ein, dass sich der Ein- und Ausgang zum Saal hinten befindet. Dadurch stören jene, die später kommen oder früher gehen, am wenigsten.

Wenn Sie wissen, wie viele Leute anwesend sein werden, versuchen Sie es so zu arrangieren, dass die Anzahl der Sitzplätze der Anzahl der Zuhörer entspricht. Dadurch werden Ihre Zuhörer nicht nur hinten im Raum Platz nehmen. Wenn die Zuhörer näher sitzen, wird ihre Aufmerksamkeit dorthin gelenkt, wo Sie sie haben wollen.

Wenn Sie Ihre Präsentation nicht üben können – erfolgreiches Sprechen aus dem Stegreif

Maria Scherer ist gemeinsam mit ihrem Vorgesetzten eingeladen, an einer Versammlung aller Abteilungsleiter ihrer Firma teilzunehmen. Sie rechnet nicht damit, etwas sagen zu müssen, sondern nur damit, dazusitzen und zuzuhören. Während der Präsentation ihres Vorgesetzten wird dieser über die Pläne der Abteilung für das kommende Jahr befragt. Er wendet sich an Frau Scherer und sagt: »Frau Scherer, Sie haben an unserem größten Projekt des vergangenen Jahres gearbeitet. Vielleicht können Sie uns einige Worte darüber sagen, wie dieses Projekt begann, wie der Stand jetzt ist und wie es sich weiterentwickeln wird.«

Wenn Ihnen etwas Ähnliches passiert, geraten Sie nicht in Panik! Sie verfügen bereits über die Grundkenntnisse des systematischen Aufbaus Ihrer Gedanken, und Sie kennen Ihre Arbeit. Mit diesen zwei Grundlagen können Sie effektiv antworten, wenn Sie sich an die folgenden Schritte halten:

Erst denken ...

Halten Sie sich an ein Gerüst für den Aufbau

Jedes Thema kann in seine Bestandteile gegliedert werden. Bevor Sie sprechen, suchen Sie ein passendes Gerüst für Ihr Thema, z. B.:

- Vergangenheit, Gegenwart und Zukunft (oder jede beliebige zeitorientierte Kombination),
- Thema 1, 2 und 3 (z. B. Produktion, Werbung und Marketing),
- die Pros und Kontras eines Themas (nützlich in Überzeugungsgesprächen).

In Frau Scherers oben angeführtem Fall ist die zeitliche Reihenfolge genau die richtige.

... dann sprechen

Machen Sie einige einleitende Bemerkungen

Bevor Sie auf Ihr Thema eingehen, nehmen Sie sich selbst etwas Zeit, um sich zu sammeln. Sagen Sie einige allgemeine, einleitende Worte wie: »Danke, Herr Chef, ich freue mich, dass ich heute eingeladen wurde und somit weitere Informationen geben kann. Ich habe keine formale Präsentation geplant, aber ich bin froh, über das Projekt, an dem wir gearbeitet haben, berichten zu können.«

Geben Sie vorher eine klare Zusammenfassung Ihrer Kernpunkte

Sie werden sich selbst und Ihren Zuhörern sagen wollen, was Ihre Schlüsselpunkte sind. In unserem Beispiel oben könnte Frau Scherer sagen: »Ich möchte Ihnen mitteilen, wie wir dieses Projekt begonnen haben, wie der Stand jetzt ist und wie wir es weiterentwickeln wollen.« Das ist eine zeitliche Reihenfolge.

Halten Sie den Hauptteil Ihrer Präsentation

Sprechen Sie über jeden einzelnen Punkt, den Sie in Ihrer Einleitung angeschnitten haben. (In unserem Beispiel: Vergangenheit, Gegenwart und Zukunft.) Haben Sie ein Gerüst für den systematischen Aufbau erstellt, und wissen Sie, worauf Sie hinausmöchten, wird das einiges vom Stress der Situation nehmen.

Wenn das, was Sie sagen, auf Widerspruch stößt, nehmen Sie zuerst die andere Meinung zur Kenntnis, aber beenden Sie die Präsentation mit Ihrem Standpunkt, sodass Sie den Vortrag mit einer Zusammenfassung Ihrer Position beenden.

Geben Sie einen Rückblick über die wichtigsten Gedanken

Betonen Sie die Kernpunkte, die Sie berührt haben, indem Sie sie kurz wiederholen. In unserem Beispiel könnte der Satz folgendermaßen lauten: »Ich habe in den vergangenen Minuten versucht, Ihnen einen Überblick über den Beginn, den derzeitigen Stand und die weitere Entwicklung des Projekts zu geben.«

Schluss der Präsentation

Lassen Sie Ihre Präsentation nicht in der Luft hängen. Schließen Sie mit einer starken, positiven Erklärung. Bleiben wir bei unserem Beispiel: »Ich hoffe, bei der Versammlung nächste Woche von einem befriedigenden Abschluß unseres Projekts berichten zu können. Ich werde dann gerne jede offene Frage beantworten.«

Checkliste: Vorbereitung auf Ihre Präsentation

1. Proben Sie Ihre Präsentation im Stehen, und verwenden Sie dabei alle Ihre visuellen Hilfsmittel .... ☐

2. Überprüfen Sie die Räumlichkeiten und die Geräte, indem Sie Folgendes kontrollieren:

   Sitzordnung .... ☐

   Beleuchtung .... ☐

   Mikrofone .... ☐

   Informationszettel .... ☐

   Zeigestab .... ☐

   Projektionsausrüstung (Funktionstüchtigkeit des Gerätes und Vorhandensein aller notwendigen Ersatzteile) .... ☐

3. Wenn Sie aus dem Stegreif eine Präsentation halten müssen:

   Halten Sie sich an ein Gerüst für den Aufbau .... ☐

   Machen Sie einige einleitende Bemerkungen .... ☐

   Geben Sie den Zuhörern einen Vor- und Rückblick über die Kernpunkte .... ☐

   Beenden Sie Ihre Präsentation mit einem starken Schluss .... ☐

Teil 7:
Überwindung der Angst

Angst ist ein natürlicher Zustand, der immer dann entsteht, wenn wir unter Stress gesetzt werden. Eine Präsentation zu halten wird normalerweise einigen Stress verursachen. Wenn dieser Stress aufkommt, treten physiologische Veränderungen auf, die Symptome wie einen nervösen Magen, Schwitzen, Zittern der Hände und Beine, beschleunigtes Atmen und/oder Herzklopfen hervorrufen können.

Machen Sie sich keine Sorgen: Wenn Sie eines dieser Symptome vor oder während einer Präsentation haben, ist das normal. Wenn keines dieser Dinge geschieht, sind Sie einer unter einer Million. Fast jeder spürt etwas Stress vor oder während der Präsentation, sogar wenn die Aufgabe so einfach ist wie: »Erzählen Sie der Gruppe etwas über sich selbst!« Der Trick dabei ist, dass Sie die überschüssige Energie für sich arbeiten lassen.

Wenn Sie lernen, den Stress für sich zu nutzen, kann er das Antriebsmittel für eine begeisterndere und dynamischere Präsentation sein. Die nächsten Seiten werden Ihnen zeigen, wie Sie Stress positiv umlenken können, sodass Sie ein besserer Präsentator werden.

Einmal sagte jemand: »Der Trick dabei ist, dass Sie diese Schmetterlinge in Ihrem Magen dazu bringen, alle in eine Richtung zu fliegen.«

Tipps zur Überwindung der Angst

Leo ist Ingenieur in einer Elektronikfirma. In zwei Wochen muss er eine größere Präsentation vor Managern verschiedener Abteilungen halten, in der er über ein von ihm vorgeschlagenes Projekt spricht. Er kennt sein Thema, aber die Zuhörer werden seinen Vorschlag sehr genau prüfen, und Leo ist sicher, dass ihm einige sehr schwierige Fragen gestellt werden. Jedesmal, wenn Leo an die Vorbereitung seiner Präsentation denkt, wird er so nervös, dass er mit seiner Arbeit nicht anfangen kann.

Wenn Ihnen Leos Problem – Angst vor einer Präsentation – bekannt vorkommt, dann können Ihnen folgende Tips helfen, diese Angst zu verringern:

systematisch aufbauen

Das Fehlen eines systematischen Aufbaus ist einer der Hauptgründe für Angst. Später werden Sie in diesem Buch eine einfache Technik für den Aufbau Ihrer Präsentation lernen. Die Gewissheit, dass Ihre Gedanken gut geordnet sind, wird Ihnen mehr Vertrauen geben, wodurch Sie Ihre Energie auf die eigentliche Präsentation konzentrieren können.

visualisieren

Stellen Sie sich vor, Sie gehen in einen Raum, werden vorgestellt, präsentieren begeisternd, beantworten selbstsicher Fragen und verlassen den Raum in dem Bewusstsein, eine großartige Leistung erbracht zu haben. Üben Sie diesen Teil im Geiste mit all den Einzelheiten Ihrer besonderen Situation – das wird Ihnen helfen, sich auf das zu konzentrieren, was Sie tun müssen, um Erfolg zu haben.

üben

Viele Redner gehen ihre Präsentation im Geiste genau durch. Sie sollten aber im Stehen proben, als wären Ihre Zuhörer vor Ihnen, und Ihre visuellen Hilfsmittel verwenden (wenn Sie welche haben). Wenn es möglich ist, bitten Sie jemanden, sich die erste Probe kritisch anzusehen, und/oder nehmen Sie sie auf Video auf. Sehen Sie sich das Video kritisch an, lassen Sie sich Feedback geben, und verändern Sie Ihre Präsentation so lange, bis Sie das Gefühl haben, dass sie in Ordnung ist. Es gibt keine bessere Vorbereitung als diese.

Karin ist eine mit der Kundenwerbung betraute Geschäftsleiterin bei einer Softwarefirma. Sie wurde aufgefordert, die Verkaufszahlen für ihr Gebiet bei der nächsten Zusammenkunft zu präsentieren. Ihr Kollege Hans beendet gerade seine Erläuterungen. In zwei Minuten muss sie aufstehen und ihre Präsentation halten. Sie hat große Angst, und das zu einem Zeitpunkt, wo sie konzentriert und ruhig sein muss.

Karins Situation ist recht häufig. Wenn Sie kurz vor dem Sprechen Angst bekommen, versuchen Sie das nächste Mal, einige der folgenden Übungen zu machen:

atmen

Wenn sich Ihre Muskeln verspannen und Sie aufgeregt sind, kann es sein, dass Sie nicht tief genug atmen. Das erste, was Sie tun müssen, ist folgendes: Setzen Sie sich gerade hin – aufrecht, aber entspannt –, und atmen Sie einige Male tief ein.

auf Entspannung konzentrieren

Statt an Spannung zu denken, konzentrieren Sie sich auf Entspannung. Wenn Sie nun atmen, sagen Sie beim Einatmen: »Ich bin«, und beim Ausatmen: »Entspannt.« Versuchen Sie, Ihre Gedanken von allem freizuhalten, außer der Wiederholung des Satzes »Ich bin entspannt«, und setzen Sie die Übung einige Minuten lang fort.

die Spannung abbauen

Wenn die Spannung wächst und Ihre Muskeln sich verspannen, kann sich nervöse Energie in den Gliedmaßen sammeln. Diese nicht losgelassene Energie kann Ihre Hände und Beine zum Zittern bringen. Bevor Sie eine Präsentation halten, versuchen Sie, einen Teil dieser eingesperrten Energie loszulassen, indem Sie eine einfache, unauffällige isometrische Übung machen.

Beginnend mit den Zehen und Wadenmuskeln spannen Sie Ihre Muskeln durch den ganzen Körper an, und machen Sie am Schluss eine Faust (z. B.: Zehen, Füße, Waden, Oberschenkel, Bauch, Brust, Schultern, Arme und Finger). Lassen Sie die Spannung sofort los, und machen Sie einen tiefen Atemzug. Wiederholen Sie diese Übung so lange, bis Sie spüren, dass die Spannung schwindet. Denken Sie daran, dass diese Übung ruhig gemacht werden muss, sodass keiner merkt, dass Sie sich entspannen.

Alexander ist Wirtschaftsprüfer bei einer großen Finanzgesellschaft. Wenn er etwas präsentieren muss, wird er immer sehr nervös. Er schwitzt, seine Hände zittern, seine Stimme wird monoton (und zeitweise unhörbar). Er spielt auch mit verschiedenen Gegenständen (z. B. seinem Kugelschreiber) herum, schaut auf seine Aufzeichnungen oder die Overhead-Projektionswand und nicht auf seine Zuhörer. Er kann es nicht erwarten, fertig zu werden und zu seinem Platz zurückzukehren.

Alexanders Problem ist nicht ungewöhnlich. Sie haben vielleicht nicht alle diese Symptome, aber Sie können wahrscheinlich einige auch bei sich vorfinden.

Die folgenden Techniken werden Ihnen in Situationen helfen, wo Sie während des Sprechens nervös werden.

sich bewegen

Redner, die auf einem Fleck stehen bleiben und nie gestikulieren, spüren Spannung. Um sich zu entspannen, müssen Sie die Spannung loslassen, indem Sie Ihren Muskeln erlauben, sich zu bewegen. Wenn Sie merken, dass Sie Ihre Arme beim Sprechen in einer Position festhalten, dann üben Sie, sie locker zu lassen, sodass die Arme dasselbe tun, als wären Sie bei einem angeregten Gespräch zu zweit. Man kann nicht zu viele Gesten machen, wenn sie natürlich sind.

Die Bewegung der Arme ist wichtig, aber auch das Bewegen der Füße trägt dazu bei, die Spannung abzubauen. Sie sollten die Möglichkeit haben, einige Schritte zu machen, entweder zur Seite oder zum Auditorium. Wenn Sie von einem Rednerpult aus sprechen, können Sie sich – um etwas zu betonen – auf eine Seite stellen (wenn Sie ein bewegliches Mikrofon haben). Diese Bewegung wird Ihnen helfen, die Spannung abzubauen und die Zuhörer mit in die Präsentation einzubeziehen. Wenn Sie sich nicht seitlich neben das Pult stellen können, hilft ab und zu ein halber Schritt zur Seite, die Muskelspannung zu lösen.

Blickkontakt mit den Zuhörern

Versuchen Sie, Ihre Präsentation einem Gespräch zu zweit anzupassen. Schauen Sie den Leuten in die Augen, wenn Sie sprechen. Knüpfen Sie Kontakt mit ihnen. Gestalten Sie die Präsentation persönlich und angenehm. Der Blickkontakt sollte Ihnen bei der Entspannung helfen, weil Sie weniger von den Zuhörern isoliert sind. Darüber hinaus hilft er Ihnen, richtig auf das Interesse Ihres Auditoriums an Ihrer Präsentation zu reagieren.

Kreuzen Sie jene Punkte an, welche Sie üben und in Zukunft in Ihren Präsentationen berücksichtigen wollen.

Ich möchte ...

1. ... mein Material systematisch aufbauen .... ☐

2. ... mich mit einer Videokamera aufnehmen, wie ich eine erfolgreiche Präsentation halte .... ☐

3. ... im Stehen proben und all meine visuellen Hilfsmittel verwenden .... ☐

4. ... kurz vor dem Sprechen tief atmen .... ☐

5. ... mich auf die Entspannung konzentrieren, mit einfachen, unauffälligen isometrischen Techniken .... ☐

6. ... die Spannung positiv loslassen, indem ich sie zu meinen Zuhörern lenke .... ☐

7. ... mich bewegen, während ich spreche, um entspannt und natürlich zu bleiben .... ☐

8. ... ständig Blickkontakt zu meinen Zuhörern aufrechterhalten ... ☐

→ **Übung macht den Meister**

Teil 8:
Durchführung der Präsentation

Sie müssen den Zuhörern Ihre Begeisterung vermitteln, wenn Sie wollen, dass sie sich für Ihre Ideen engagieren sollen.

Wenn Sie steif dastehen, Ihren Körper wenig bewegen und mit monotoner Stimme ohne jeden Blickkontakt sprechen, dann können Sie sicher sein, dass die Präsentation, die Sie halten, ein Reinfall wird. Wir kommunizieren nicht nur mit Worten. Ihre nonverbalen Signale sind die Träger Ihrer Gefühle. Wenn diese Kanäle aus Angst unterbrochen sind, werden sowohl die Interaktion mit als auch Ihre Beziehung zu den Zuhörern darunter leiden.

Ein großer Vorteil eines interaktiven und lebendigen Präsentationsstils ist es, dass die nervöse Energie positiv fließt und nicht im Körper bleibt. Suchen Sie einen natürlichen Präsentationsstil, wie bei einem Gespräch, stellen Sie eine direkte und persönliche Beziehung zu den Menschen in Ihrem Auditorium her. Sogar in höchst formalen Situationen ist das unbedingt notwendig.

> **→ Sie müssen lernen, sich nicht nur dessen bewusst zu sein, was Sie sagen, sondern auch dessen, wie Sie es sagen! Lernen Sie, Ihr eigener Coach zu sein, während Sie vor den Zuhörern stehen, und überprüfen Sie die in diesem Kapitel behandelten Punkte.**

Die Präsentation ist eine bestimmte Sonderform der Kommunikation. Es werden verschiedene Informationen (Aussagen) zwischen dem Präsentator und seinem Auditorium ausgetauscht.

Präsentationsprozess:

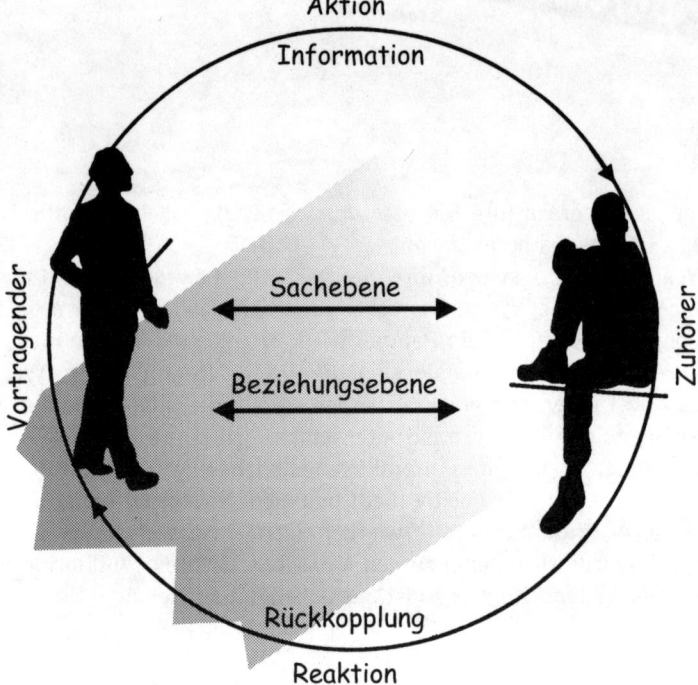

Die Informationsvermittlung, -aufnahme, -verarbeitung, -wiedergabe sowie die kritische Reflexion und Bewertung werden dabei gesteuert durch:

- ■ Präsentator, der die Information gibt

- ■ Zuhörer, der prüft, bewertet und reagiert

- ■ Kommunikationskanäle für die Übermittlung und Rückkopplung sowohl auf der Sach- als auch Beziehungsebene

Es wird zwischen nonverbalen (nichtsprachlichen) und verbalen (sprachlichen) Informationen unterschieden.

Das sind all jene Signale, Hinweise usw., die durch Mimik, Gestik, Körperhaltung einerseits und Stimmqualität, Sprechweise andererseits gegeben werden. Die nonverbalen Äußerungen wenden sich an die Beziehungsebene. Gefühle, emotionale Wertungen und Einstellungen werden durch sie angesprochen und beeinflusst. In einem normalen Gespräch kommt der nonverbalen Komponente bereits große Bedeutung zu. Analysiert man verschiedene Gespräche, so zeigt sich, dass ca. zwei Drittel der Inhalte nonverbal mitgeteilt werden. Bei Gesprächen, in denen die Gefühlslage eine besondere Rolle spielt, steigt der nonverbale Anteil an der Kommunikation noch zum Teil erheblich an.

Wodurch wird nonverbal kommuniziert?

Blickkontakt

Wenn Sie mit jemandem sprechen, der immer auf den Boden oder an die Wand sieht, wenn er/sie Ihre Fragen beantwortet, so wird dieser Mensch in Ihren Augen sicher nicht vertrauenerweckend wirken. In unserer Kultur erwarten wir einen festen, direkten Blickkontakt. Doch bei vielen Präsentationen schaut der Präsentator auf einen Punkt an der Wand oder auf eine Leinwand oder auf Notizen – überallhin, nur nicht in die Augen der Zuhörer.

Der Blickkontakt öffnet den Kommunikationskanal zwischen Menschen. Er hilft, eine Beziehung herzustellen und aufzubauen. Er bezieht die Zuhörer mit in die Präsentation ein und macht sie persönlicher. (Das gilt auch für formale Präsentationen.) Ein guter Blickkonkakt zwischen Redner und Zuhörern hilft auch dem Redner, sich zu entspannen, da der Blickkontakt ihn mit den Zuhörern verbindet und das Isolationsgefühl des Redners abbaut.

Die Daumenregel für den Blickkontakt ist ca. eine Sekunde pro Person. Versuchen Sie, Ihren Blick nicht im Raum umherschweifen zu lassen. Konzentrieren Sie sich nicht zu lange auf einen Zuhörer, sodass es ihm/ihr unangenehm ist, aber lange genug, um ihn/sie in Ihre Präsentation mit einzubeziehen. Dann konzentrieren Sie sich auf jemand anderen.

Wenn Sie eine Präsentation halten, schauen Sie Ihre Zuhörer nicht nur an – sehen Sie sie. Suchen Sie einzelne Menschen heraus, und sehen Sie sie bewusst an.

Wenn eine Gruppe zu groß ist, um jeden einzelnen anzusehen, stellen Sie den Blickkontakt zu Personen in verschiedenen Teilen des Auditoriums her. Menschen, die in der Nähe desjenigen sitzen, den Sie ausgewählt haben, werden das Gefühl haben, dass Sie in Wirklichkeit sie anschauen. Steigt der Abstand zwischen Redner und Zuhörer, so wird auch ein immer größerer Kreis Menschen Ihren »Blickkontakt« spüren.

Mimik

Lächeln Sie! Lächeln wirkt sympathisch, stellt Beziehung her. Konzentrieren Sie sich nicht nur auf die Sache, sondern auch auf Ihre Zuhörer. Denken Sie positiv. Diese Einstellung wird Sie automatisch lächeln lassen. Lächeln Sie natürlich, nicht künstlich. Sonst wird nämlich Ihr Lächeln leicht zu einem Grinsen – und das wirkt abstoßend.

Gestik

Die Bedeutung natürlicher, durch Angst nicht gehemmter Gesten darf nicht unterschätzt werden. Zu oft hält Angst diesen wichtigen Kommunikationskanal zurück. Bei normalen Gesprächen verwenden wir Gesten, um etwas hervorzuheben, ohne daran zu denken, was wir mit unseren Händen tun. Lernen Sie vor Zuhörern genauso zu gestikulieren, wie Sie es bei einem angeregten Gespräch mit einem Freund tun würden – nicht mehr und nicht weniger.

Verwenden Sie natürliche Gesten, so wird das von der Präsentation nicht ablenken; tun Sie jedoch eines der folgenden Dinge, wird das sicher passieren:

Hände in den Taschen vergraben

oder verschränkt hinter Ihrem Rücken

oder die Arme verschränkt vor der Brust halten

oder in einer »Feigenblatt-Position«

oder die Hände nervös verkrampfen

Körperhaltung

Halten Sie Ihren Körper gerade, aber entspannt. Sie sollten aufrecht dastehen, aber nicht steif wirken. Daher drehen Sie Ihre Füße zum Auditorium, und verteilen Sie Ihr Gewicht gleichmäßig. Verlagern Sie Ihr Gewicht nicht auf eine Hüfte, dann auf die andere und wieder zurück. Diese Hin- und Herbewegung könnte die Zuhörer ablenken.

Bewegung

Es ist typisch für manche Redner, dass sie dazu neigen, auf einer Stelle zu stehen, wie ein Baum mit den Füßen im Boden verwurzelt. Wenn Sie Ihre Präsentation von einem Rednerpult aus halten, sollten Sie Verschiedenes ausprobieren. Wenn es für Sie passt, stellen Sie sich seitlich neben oder vor das Pult, um den Zuhörern näher zu kommen. Viele professionelle Präsentatoren tun das. Es lenkt die Aufmerksamkeit auf den Redner, und die Zuhörer fühlen sich dem Redner näher, wenn nichts dazwischen ist. Wenn Sie ein Mikrofon verwenden, werden Sie ein Verlängerungskabel oder ein Ansteckmikrofon brauchen. Bei einer formalen Präsentation oder wenn das Pult am oberen Teil eines Tisches ist, ist diese Technik vielleicht nicht geeignet.

Wenn Sie kein Mikrofon verwenden, sollten Sie normalerweise 1,2 bis 1,5 Meter vor der ersten Reihe stehen. Bleiben Sie nicht wie angewachsen auf einer Stelle stehen, aber gehen Sie auch nicht auf und ab. Beides wirkt störend! Ein gelegentlicher Schritt auf eine Seite oder ein kleiner Schritt zu den Zuhörern hin, um etwas hervorzuheben, kann Ihre Präsentation verbessern. Halten Sie den direkten Kontakt zu Ihren Zuhörern aufrecht, und beziehen Sie sie in Ihre Präsentation ein.

Stimme und Sprechweise

Es gibt drei Hauptprobleme, die mit der Stimme in Zusammenhang stehen:

- eine monotone Stimme,
- eine unpassende Sprechgeschwindigkeit (meistens zu schnelles Sprechen) oder aber
- eine zu laute oder zu leise Stimme.

Vergewissern Sie sich, dass Ihre Stimme für Sie arbeitet. Die folgenden Vorschläge werden Ihnen helfen, mit einer starken und klaren Stimme zu sprechen.

– monoton

Bei den meisten Menschen wird die Stimme monoton, wenn sie Angst haben. Wenn der Redner sich verkrampft, werden die Brust- und Halsmuskeln weniger flexibel, und der Luftstrom wird gehemmt. Wenn das passiert, verliert die Stimme ihre natürliche Lebendigkeit und wird monoton.

Um die natürliche Lebendigkeit zurückzugewinnen, müssen Sie sich entspannen und die Spannung loslassen. Es ist unbedingt notwendig, die Arme und die Beine zu bewegen. Das müssen keine auffälligen Bewegungen sein – es genügt, die Muskeln zu lockern und normal zu atmen. Video- oder Tonbandaufnahmen bzw. ein Feedback von einem Freund werden Ihnen zeigen, wie Sie sprechen.

Lernen Sie, sich selber zuzuhören. Seien Sie sich nicht nur dessen bewusst, was Sie sagen, sondern auch dessen, wie Sie es sagen.

– zu schnelles Sprechen

Unsere durchschnittliche Sprechgeschwindigkeit bei normalen Gesprächen liegt ungefähr bei 125 Wörtern pro Minute. Wenn wir nervös werden, nimmt die Sprechgeschwindigkeit für gewöhnlich zu. Eine erhöhte Sprechgeschwindigkeit ist nicht unbedingt ein Problem, wenn Ihre Aussprache gut ist. Wenn Sie jedoch eine fachbezogene Präsentation halten oder eine, in der die Zuhörer Notizen machen, müssen Sie auf Ihre Sprechgeschwindigkeit achten.
Ein anderes Anzeichen für zu schnelles Sprechen ist, wenn Sie über Wörter stolpern. Wenn das passiert, sprechen Sie langsamer. Hören Sie sich selber das letzte Wort eines Satzes sagen, machen Sie eine Pause, wo die Zeit dafür ist, und gehen Sie dann zu Ihrem nächsten Satz weiter. Pausen während einer Präsentation können ein effektives Mittel sein, um wichtige Punkte einsickern zu lassen. Haben Sie keine Angst, während Ihrer Präsentation Augenblicke der Stille zu haben. Die Zuhörer brauchen Zeit, um das zu verdauen, was Sie sagen.

– Probleme mit dem Stimmvolumen

In den meisten Fällen können derartige Probleme durch Übung gelöst werden. Sie müssen sich Ihr Stimmvolumen bewusstmachen. Es ist angebracht, im Verlauf einer Präsentation zu fragen: »Können Sie mich hinten hören?« Die Zuhörer werden für gewöhnlich ehrlich sein, denn sie möchten ja hören, was Sie sagen!

Um herauszufinden, ob Sie ein Problem mit der Lautstärke Ihrer Stimme haben, fragen Sie jemanden, der Ihnen eine aufrichtige Antwort geben wird. Fragen Sie ihn/sie, ob man Sie hinten im Raum verstehen kann, ob Sie am Ende eines Satzes leiser werden, ob Sie aufgrund einer zu leisen Stimme unsicher klingen oder ob Sie zu laut sprechen.

Wenn es Ihr Problem ist, dass Sie mit einer zu leisen Stimme sprechen, gibt es eine einfache Übung, um das Stimmvolumen zu erhöhen. Bitten Sie zwei Freunde, Ihnen zu helfen. Gehen Sie in einen Raum, der mindestens doppelt so groß ist wie der, in dem Sie normalerweise Ihre Präsentation halten. Bitten Sie einen Freund, sich in die erste Reihe zu setzen, und einen anderen, sich ganz hinten an die Wand zu stellen. Beginnen Sie zu sprechen, und bitten Sie den Freund ganz hinten, Ihnen ein Zeichen zu geben, wenn Sie deutlich gehört werden. Merken Sie sich, wie laut Sie gesprochen haben. Wie fühlt sich das an? Fragen Sie die Person in der ersten Reihe, um sicherzugehen, dass Sie nicht zu laut waren.

Eine Stimme, die konstant zu laut ist, zeigt einen leichten Gehörverlust an. Wenn Ihre Stimme als zu laut bewertet wurde, sollten Sie vielleicht bei Ihrem Arzt einen Test machen. Wenn bei der Untersuchung keine gesundheitliche Störung festgestellt wurde, machen Sie die oben beschriebene Übung noch einmal, aber dieses Mal bitten Sie den Freund in der ersten Reihe, Ihnen ein Zeichen zu geben, Ihre Stimme zu senken, und fragen Sie dann die Person hinten, um sicher zu sein, dass Sie gehört werden können.

Sie wenden sich an die Sachebene. Fakten, rationale Aussagen, Schlussfolgerungen, Hypothesen usw. werden auf dieser Ebene diskutiert. Ihr Anteil an der Totalkommunikation beträgt im normalen Gespräch nur ca. ein Drittel. Trotzdem messen wir oft der verbalen Seite die größere Bedeutung zu.

Richtig präsentieren heißt:

- sich klar auszudrücken,
- kurze und prägnante Sätze zu verwenden,
- das Wesentliche zu betonen und
- visuelle Hilfsmittel wirkungsvoll einzusetzen.

Voraussetzung einer erfolgreichen Präsentation ist eine genaue Kenntnis der Sachlage. Ohne entsprechende Kenntnisse wirken die besten Aussagen hohl und wenig glaubwürdig.

Zur Erleichterung oder Verbesserung der Präsentation werden vor allem im verbalen Bereich bestimmte Techniken verwendet:

- Ich-Vermeidungs-Technik
- Technik der Nutzenargumentation
- Technik des Präsentationsablaufs
- Frage- und Diskussionstechnik

Vermeidung des »Ich« – Sie-Standpunkt forcieren

Das Ich, das für jeden persönlich im Mittelpunkt steht, sollte in der Diskussion, wo es meistens darum geht, die übrigen Gesprächspartner zu überzeugen, möglichst vermieden werden. Es wird nicht immer ganz leicht sein, den »Ich-Standpunkt« zu vermeiden. Doch sollten Sie bemüht sein, in Situationen, in denen Sie ein Einvernehmen mit anderen anstreben, ihn wesentlich zu reduzieren und den »Sie-Standpunkt« zu forcieren.

Nicht:	Sondern:
Ich zeige Ihnen ...	Sie sehen hier ...
Ich beweise Ihnen ...	Sie können leicht feststellen, dass ...
Ich sage Ihnen ...	Es wird Ihnen sicher bekannt sein, dass ...

Nutzenargumentation

Dies bedeutet, dass wir unseren eigenen Standpunkt mit dem Nutzen für den Zuhörer verbinden. Damit ermöglichen Sie es Ihren Zuhörern am leichtesten, sich Ihrer Auffassung anzuschließen. Verwenden Sie also folgende Einleitungsformulierungen:

- Das bedeutet für Sie ...
- Das hat für Sie den Vorteil, ...
- Das sichert Ihnen ...
- Dadurch wird gewährleistet, ...
- Das ermöglicht Ihnen ...
- Das bringt Ihnen ...

Präsentationsablauf

Halten Sie Ihre Präsentation in der folgenden Reihenfolge:

- Einleitung
- stichwortartig die wichtigsten Aussagen (sagen Sie ihnen, was Sie ihnen sagen werden – Thema, Problem)
- Kernpunkte und Unterpunkte (sagen Sie sie ihnen)
- Vorteile der Zuhörer (bei Überzeugungspräsentationen)
- Zusammenfassung der wichtigsten Aussagen (sagen Sie ihnen, was Sie ihnen gesagt haben – Thema, Probleme und die wichtigsten Kernpunkte wiederholen)
- Aktionsvorschlag und Schluss

Frage- und Antworttechniken

Wie ermuntere ich die Zuhörer, Fragen zu stellen?

Oft werden Sie wollen, dass Ihre Zuhörer Fragen stellen. Wenn Sie fachbezogene Informationen bzw. komplizierte Gedanken präsentiert haben oder eine Trainingsstunde leiten, ist es eine gute Idee, durch Fragen zu überprüfen, ob die Zuhörer Sie verstanden haben.

Wenn Sie passiv auf Fragen warten, können Sie keine Reaktionen erwarten. Es ist meistens eine Sache der Körpersprache. Wenn Sie weit weg von den Zuhörern stehen, die Hände in Ihren Taschen vergraben und »Irgendwelche Fragen?« murmeln, so wird das die Zuhörer nicht ermuntern, Ihnen Fragen zu stellen.

Die, die aktiv ihre Bereitschaft zeigen, Fragen zu beantworten, werden einen Schritt nach vorn machen, eine Hand heben und fragen: »Möchte mir jemand eine Frage stellen?« Sie können auch sagen: »Welche Fragen haben Sie?« Sie nehmen an, dass die Zuhörer Fragen stellen werden, und das tun sie auch oft. Machen Sie auch eine Pause, nachdem Sie um Fragen gebeten haben, damit die Zuhörer Zeit haben, sich welche zu überlegen (die Stille sollte zu ihnen kommen, bevor sie zu Ihnen kommt!). Mit dem Heben der Hand erreichen Sie zweierlei Dinge: Erstens ist es das visuelle Signal für Fragen und wird diejenigen ermuntern, die schüchtern sind. Es hilft auch, Ordnung zu halten. Die Zuhörer werden Ihrem Beispiel folgen und auch die Hand heben und nicht hinausschreien.

Wie höre ich mir Fragen an?

Vielleicht haben Sie schon einen Redner gesehen, der – während er einer Frage zuhörte – vor- und rückwärts ging, den Fragesteller nicht ansah und ihn dann mit den Worten: »Sie brauchen nicht fertig sprechen, ich weiß, was Sie fragen wollen« unterbrach. Der Redner kann nicht wissen, was gefragt wird, bevor die Frage beendet wurde. Es ist wichtig zu warten, bis der Fragesteller geendet hat.

Während die Frage gestellt wird, sollten Sie den Fragesteller beobachten. Oft ist es möglich, Hinweise auf die Tiefe der Frage, die Gefühle dahinter und etwaige unausgesprochene Probleme zu bekommen, wenn Sie die Körpersprache zu deuten wissen.

Während der Frage achten Sie darauf, was Sie mit Ihren Händen machen! Stellen Sie sich vor, Sie halten die Präsentation mit Begeisterung und präsentieren Ihre Ideen voll Selbstvertrauen. Dann stellen Sie sich vor, Sie stehen da und schauen auf den Boden und reiben nervös Ihre Hände, wenn Ihnen eine Frage gestellt wird. Diese Verhaltensweise kann das Bild der Zuversicht, das Sie während der Präsentation boten, zerstören. Ihre Hände sollten in einer natürlichen Position gehalten werden, die Arme seitlich, die Finger offen. Konzentrieren Sie sich auf die Frage, und hören Sie genau zu.

Wie beantworte ich Fragen?

- ■ Bereiten Sie sich auf Fragen vor. Sie sollten in der Lage sein, die meisten Fragen, die gestellt werden, vorauszusehen. Üben Sie deren Beantwortung. Bereiten Sie sich auf die schlimmsten vor, und alles andere wird Ihnen leichter vorkommen. Einige Redner bereiten zusätzliche visuelle Hilfsmittel vor, um diese bei der Beantwortung erwarteter Fragen zu verwenden.

- ■ Wiederholen Sie die Frage. Wenn die Möglichkeit besteht, dass jemand im Auditorium die Frage nicht gehört hat, wiederholen Sie sie für alle Zuhörer. Oder wenn Ihnen eine komplizierte, emotionale oder mehrteilige Frage gestellt wird, formulieren Sie sie neu, um sicherzugehen, dass Sie sie verstanden haben. Da wir ungefähr fünfmal schneller denken als sprechen, gibt Ihnen die Wiederholung der Frage auch einige Sekunden extra, um eine gute Antwort zu formulieren.

■ Behalten Sie Ihren Stil bei. Wenn Sie die Fragen beantworten, ist es wichtig, dass Sie denselben Stil und dieselbe Haltung wie während der Präsentation beibehalten.
Eine Änderung der Haltung kann den Eindruck erwecken, dass Sie Ihrer Position nicht sicher sind. Wenn jemand eine Frage an Sie richtet, die Sie nicht beantworten können, sagen Sie nicht: »Es tut mir leid, ich weiß keine Antwort darauf«, sondern formulieren Sie: »Ich weiß es nicht, aber ich werde das herausfinden und später darauf zurückkommen.«

■ Beziehen Sie alle Zuhörer in Ihre Antwort mit ein. Haben Sie schon Redner gesehen, die sich nur mit der Person, die die Frage gestellt hat, beschäftigen und die anderen Zuhörer ignorieren? In einigen Fällen versucht der Fragende vielleicht, den Redner mit einer schwierigen Frage »einzufangen«. Sie merken es immer, wenn ein Redner »eingefangen« wurde, weil er oder sie sich nur auf die Person konzentriert, die die Frage gestellt hat.

■ Verwenden Sie die »25-bis-75-Prozent-Regel«. Richten Sie ungefähr 25 Prozent Ihres Blickkontaktes auf die Person, die die Frage gestellt hat, und 75 Prozent auf die anderen Zuhörer. (Das ist besonders bei angespannten Frage- und Antwortsituationen wichtig.) Ignorieren Sie nicht die Person, die die Frage gestellt hat, aber ignorieren Sie auch nicht den Rest des Auditoriums. Das wird Ihnen helfen, die Kontrolle über die Situation nicht zu verlieren, und die Zuhörer bleiben in Ihre Präsentation mit einbezogen.

■ Beginnen Sie Ihre Antwort nicht mit einer Einleitung. Manchmal, wenn wir hören, dass ein Redner eine Antwort mit »Das ist eine gute Frage, ich bin froh, dass Sie sie gestellt haben« beginnt, kann das ein Zeichen dafür sein, dass der Redner bei der Antwort unsicher ist.

Das beste ist, die Antwort nicht einzuleiten, sondern einfach zur Beantwortung zu kommen (nachdem Sie die Frage, wenn notwendig, wiederholt haben).
Bei den meisten Präsentationen wird die Zeit für Fragen und Antworten mit eingerechnet. Manchmal werden Fragen während der Rede gestellt und manchmal am Ende. In vielen Fällen kann der Redner selbst bestimmen, wann er/sie Fragen bekommen möchte. Wenn das der Fall ist, bitten Sie die Zuhörer, Sie zu unterbrechen, wann immer sie Fragen haben, oder Sie können sie ersuchen, sich die Fragen aufzuheben, bis die Präsentation beendet ist.

Checkliste: Was muss ich als Präsentator beachten – 25 Tipps für die Praxis

Nonverbales Verhalten

1. Blickkontakt mit den Zuhörern .... ☐
2. freundlich wirken (lächeln, Zuwendung usw.)......................... ☐
3. mit Händen Aussage gezielt unterstützen .... ☐
4. Hände permanent sichtbar .... ☐
5. locker und entspannt wirken (nicht hektisch oder verkrampft)...... ☐
6. offen sein (keine Verschränkungen)..................................... ☐
7. engagiert wirken .... ☐
8. richtige Betonung .... ☐
9. moduliert sprechen .... ☐
10. Lautstärke dem Raum anpassen .... ☐
11. hauptsächlich in mittlerer Stimmlage sprechen....................... ☐
12. nicht zu schnell sprechen .... ☐
13. Pausen einlegen .... ☐

Verbales Verhalten

1. frei sprechen .... ☐
2. klare und deutliche Aussprache .... ☐
3. kurze Sätze (maximal 14 bis 17 Wörter) .... ☐
4. prägnante Aussagen .... ☐
5. richtig atmen .... ☐
6. Füllwörter vermeiden .... ☐
7. teilnehmeradäquates Sprachniveau wählen .... ☐
8. anschauliche und verständliche Darstellung .... ☐
9. teilnehmerbezogen formulieren (Ich-Vermeidung) .... ☐
10. Nutzen für Teilnehmer betonen .... ☐
11. logischer Aufbau .... ☐
12. wichtige Passagen (Einstieg/Schluss) wörtlich vorbereiten .... ☐

Beachten Sie die folgenden Punkte bei der Vorbereitung, und halten Sie dann Ihre nächste Präsentation.

Um die Präsentation gut aufzubauen, werde ich:

1. Ziele setzen .... ☐
2. meine Zuhörer analysieren .... ☐
3. die Kernpunkte spontan niederschreiben............................... ☐
4. die Unterpunkte spontan niederschreiben .... ☐
5. Informationszettel planen .... ☐
6. visuelle Hilfsmittel planen .... ☐
7. Vorteile für die Zuhörer festlegen .... ☐
8. eine Zusammenfassung der wichtigsten Gedanken in einem Satz vor und nach der Präsentation einbauen............................... ☐
9. meine Einleitung gliedern .... ☐
10. einen starken Schluss entwickeln .... ☐

Bei der Erstellung visueller Hilfsmittel werde ich:

1. das KEPA-Prinzip verwenden .... ☐
2. die richtige Art von Diagramm wählen .... ☐
3. geeignete Überschriften verwenden.................................... ☐
4. nicht zu den visuellen Hilfsmitteln sprechen .... ☐
5. mich in den Mittelpunkt stellen .... ☐
6. meinen Zeigestab nicht zu oft verwenden .... ☐

Bei der Vorbereitung der Präsentation werde ich:

1. im Stehen proben und dabei alle visuellen Hilfsmittel verwenden .... ☐
2. Sitzordnung, Geräte, alle Informationszettel usw. kontrollieren ... ☐

Um die Angst zu überwinden, werde ich:

1. tief atmen .... ☐

2. mich auf Entspannung konzentrieren .... ☐

3. Spannung durch unauffällige isometrische Übungen loslassen ...... ☐

4. mich während der Präsentation bewegen .... ☐

5. guten Blickkontakt mit den Zuhörern aufrechterhalten .... ☐

Während ich meine Präsentation halte, werde ich:

1. mir dessen bewusst sein, was und wie ich es sage .... ☐

2. lebendig, begeisternd und direkt sein .... ☐

3. meine Präsentation persönlich und ähnlich einem Zweiergespräch
   halten .... ☐

4. Blickkontakt mit dem Auditorium halten .... ☐

5. durch Lächeln sympathisch wirken .... ☐

6. durch richtige Gestik das Gesagte unterstützen .... ☐

7. Hände sichtbar und nicht verkrampft halten .... ☐

8. locker und engagiert wirken .... ☐

9. mich ab und zu bewegen .... ☐

10. nicht mit monotoner Stimme sprechen .... ☐

11. angenehmes Sprechtempo wählen .... ☐

12. mit deutlicher, lauter Stimme sprechen .... ☐

13. den Sie-Standpunkt pflegen.. ☐

14. den Nutzen für den Zuhörer herausstreichen .... ☐

15. den Präsentationsablauf richtig gestalten .... ☐

Für den Frage- und Antwortteil möchte ich:

1. meine Hand heben und auf die Zuhörer zugehen .... ☐

2. den Fragesteller beobachten und ihm zuhören .... ☐

3. die Frage, wenn notwendig, wiederholen .... ☐

4. meinen Stil und meine Haltung beibehalten .... ☐

5. den Blickkontakt mit allen Zuhörern aufrechterhalten, während ich
   antworte .... ☐